Deutschland in der Urzeit

Horst Güntheroth Peter Pursche

Deutschland in der Urzeit

Saurier, Neandertaler und Germanen

stern buch
Weltbild

Horst Güntheroth schrieb die Einleitung „Wie wir wurden, was wir sind" sowie die Kapitel „Im Reich der Saurier", „Die ersten Deutschen" und „Die Neandertaler".
Peter Pursche schrieb die Kapitel „Steinzeit-Revolution", „Im Glanz der Bronze" und „Die Germanen".

Herausgeber: Thomas Osterkorn und Andreas Petzold
Bildredaktion: Beate Magrich
Dokumentation, Schlussredaktion: *stern*

Ein Buch der Partner *stern* und Verlagsgruppe Weltbild GmbH
stern-Buch im Verlag
Gruner + Jahr AG & Co.
Am Baumwall 11
20459 Hamburg

Weltbild Buchverlag
–Originalausgaben–

Projektleitung: Gerald Fiebig
Umschlaggestaltung: X-Design, München
Umschlagillustration: Tom Ungemach/Knut Maibaum
Reproduktion, Innenlayout und Satz:
Typework Layoutsatz & Grafik GmbH, Augsburg
Druck und Bindung: MOHN Media – Mohndruck GmbH, Gütersloh

Gedruckt auf chlorfrei gebleichtem Papier

Printed in Germany

ISBN 3-89897-340-9

Inhalt

Wie wir wurden,

Mächtige Beute, kluger Jäger

Skelett eines Mammuts und Rekonstruktion eines Urmenschen im Landesmuseum für Vorgeschichte in Halle. Vor gut 200 000 Jahren begegneten sich beide hierzulande – oft mit tödlichem Ausgang für den Riesen.

Bei Hannover kämpften Raubsaurier, in Sachsen grasten Mammuts, bei Halle bauten unsere Ahnen das erste Sonnen-observatorium der Welt. Je mehr fossile und archäologische

was wir sind

Schätze Forscher in Deutschland bergen, desto faszinierender wird das Bild, das sie entwerfen – von der Entstehung unserer Heimat und von unserem eigenen Ursprung.

FUNDORT DEUTSCHLAND

Jahr für Jahr kommen zwischen Küste und Alpen Schätze der Vergangenheit ans Licht. Die Fossilien und Artefakte erzählen von urzeitlichen Tieren und von der versunkenen Welt unserer Vorfahren.

KALKRIESE

SCHLACHTFELD

Befestigungsanlage, Kriegsgerät, Metallmaske – Archäologen gehen davon aus, dass die Varusschlacht, in der die Germanen die Römer 9 n. Chr. vernichtend schlugen, hier stattfand.

MESSEL

URPFERDE

Bei Darmstadt entdeckten Forscher 47 Millionen Jahre alte Knochen von Hengsten, Stuten und Fohlen. Die Ahnen unserer heutigen Rösser wurden nicht größer als Füchse.

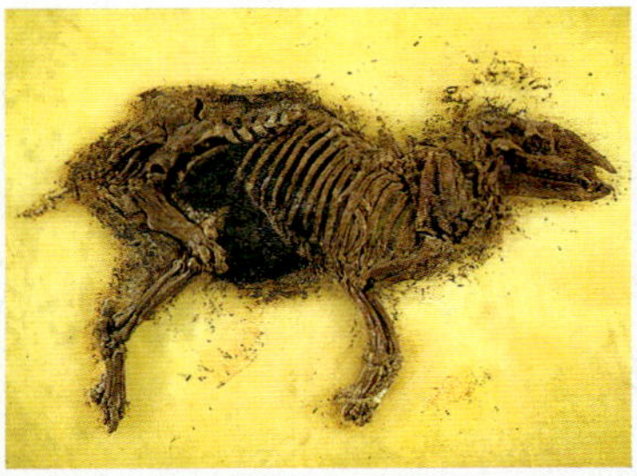

TROSSINGEN

DINOSAURIER

35 Plateosaurus-Skelette wurden hier ausgegraben – einige stehen in Stuttgart im Museum. Die Tiere, die vor 220 bis 210 Millionen Jahren lebten, waren acht Meter lang und wogen mehrere Tonnen.

MEPPEN

MOORLEICHE

Der „Rote Franz“ ist fast so gut erhalten wie „Ötzi“. Im 3. Jh. n. Chr. wurde der Mann grausam im Bourtanger Moor ertränkt.

METTMANN

NEANDERTALER

40 000 Jahre alte Skelettreste des Frühmenschen (hier eine Rekonstruktion), bei Düsseldorf geborgen, waren die ersten menschlichen Fossilien, auf die Wissenschaftler stießen.

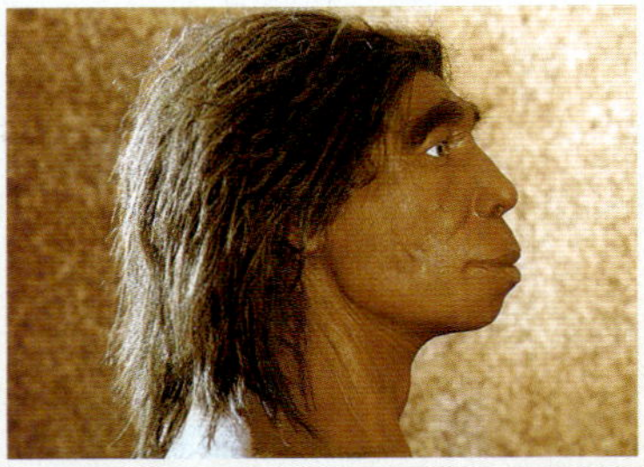

MAUER

HOMO HEIDELBERGENSIS

Ein kräftiger Unterkiefer, über 600 000 Jahre alt, ist der älteste bislang gefundene Überrest von einem Menschen, der in unserer Region lebte.

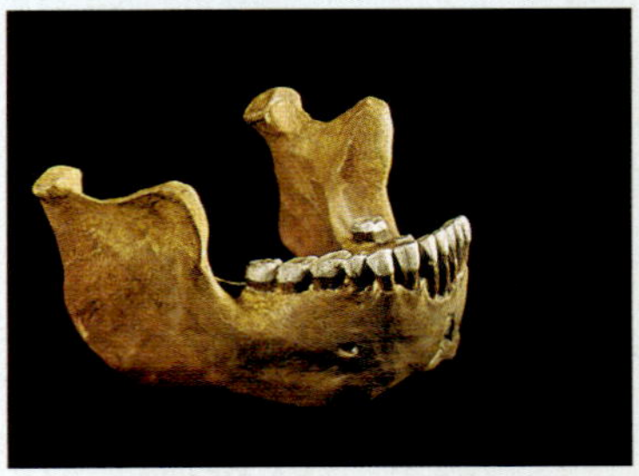

ASSELFINGEN

LÖWENMENSCH

Wahrscheinlich das erste Kunstwerk der Menschheit – eine kleine Statue mit Löwenkopf aus Elfenbein, etwa 35 000 Jahre alt. Sie wurde in einer Höhle der Schwäbischen Alb gefunden.

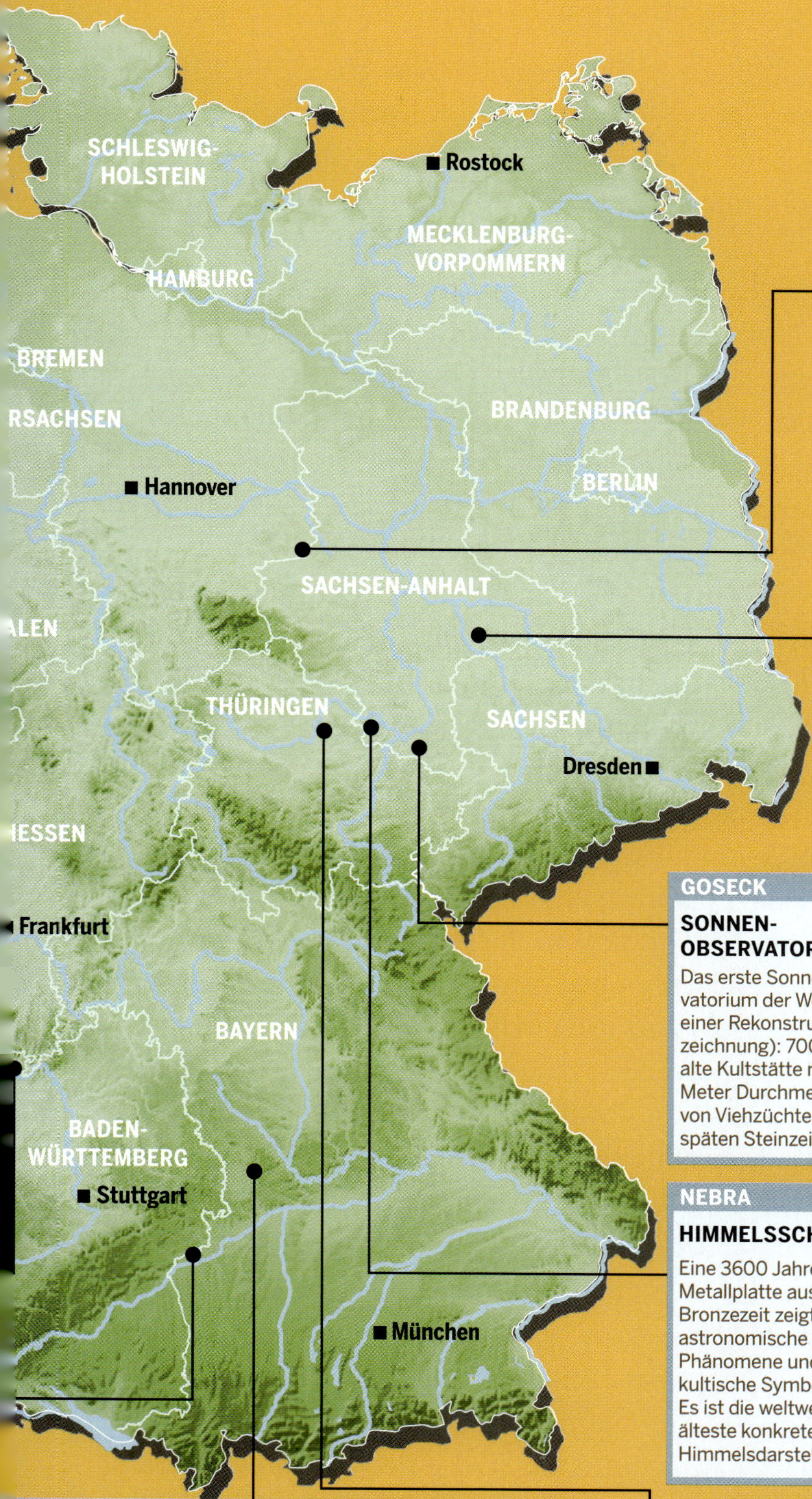

SCHÖNINGEN

WURFSPEERE

Die ältesten Holzwaffen, die man je gefunden hat. Vor 400 000 Jahren machten Urmenschen hier mit den Speeren Jagd auf Pferde.

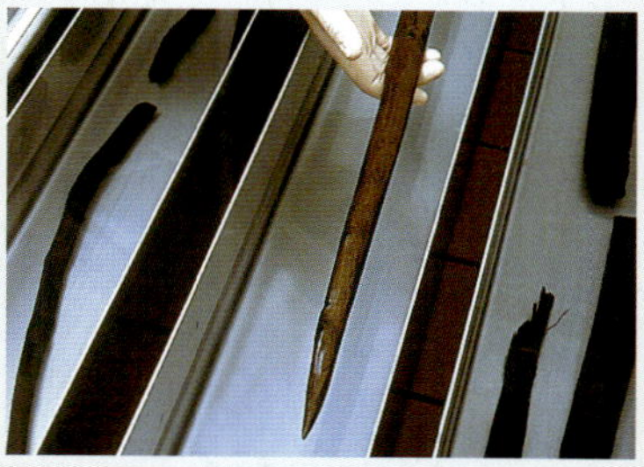

GRÖBERN

ELEFANTENSCHLACHTPLATZ

Über 100 000 Jahre alte Knochen eines Waldelefanten. Das von Neandertalern zerlegte Tier hatte eine Schulterhöhe von gut vier Metern und wog fünf Tonnen.

GOSECK

SONNEN-OBSERVATORIUM

Das erste Sonnenobservatorium der Welt (in einer Rekonstruktionszeichnung): 7000 Jahre alte Kultstätte mit 75 Meter Durchmesser, von Viehzüchtern der späten Steinzeit erbaut

NEBRA

HIMMELSSCHEIBE

Eine 3600 Jahre alte Metallplatte aus der Bronzezeit zeigt astronomische Phänomene und kultische Symbole. Es ist die weltweit älteste konkrete Himmelsdarstellung.

OLNHOFEN

ARCHAEOPTERYX

lle auf der Welt ntdeckten Fossilien om Urvogel stammen inzig und allein aus üddeutschland. Die iere lebten hier vor 50 Millionen Jahren.

LEUBINGEN

FÜRSTENGRAB

Unter einem mächtigen Grabhügel wurde hier vor rund 4000 Jahren ein Fürst bestattet – mit prachtvollem Goldschmuck und üppigen Grabbeigaben.

Als die Bauern beim Dörfchen Gees in der Eifel ihre Äcker pflügten, entdeckten sie Verwunderliches. Aus dem Erdreich lugten harte Brocken – Versteinerungen aus längst vergangener Zeit, Trilobiten.

Doch wie kamen die Meeresgeschöpfe ins Gebirge? Es gab nur eine Erklärung: Offenbar wogte hier einst ein Ozean. Alexander von Humboldt, der große deutsche Naturforscher des 18. und 19. Jahrhunderts, reiste an, um das Mirakel mit eigenen Augen zu bestaunen. Er sammelte so viele Stücke, dass die Taschen seines Fracks zu zerreißen drohten. Schließlich kaufte er den Feldarbeiterinnen ihre Wollstrümpfe ab, um die Fossilien zur Untersuchung nach Hause zu schleppen.

Im deutschen Untergrund schlummert ein sagenhafter Schatz – auch heute noch. Jahrtausende, Jahrmillionen alt. Versteinertes Leben von Pflanzen und Tieren, Zeugnisse immerwährenden biologischen Wandels. Auch fossilierte Gebeine von Ureinwohnern und ihre Werkzeuge sind dabei, Dokumente vergangener Kulturen. Staub und Schlamm, Geröll und Verwerfungen haben alles begraben und in die Tiefe befördert. Dort, in der heimischen Krume, ist unsere Vergangenheit gegenwärtig. Vielleicht sogar im eigenen Garten hinterm Haus.

Paläontologen und Archäologen, die im versunkenen Archiv unserer Geschichte schürfen, bringen Sensationelles zu Tage: Skelette von mächtigen Sauriern und zierlichen Urvögeln. Knochen von Elefanten und Mammuts, Nashörnern und Nilpferden, Löwen und Hyänen. Sie alle lebten hier. Über weite Strecken herrschte in unseren Breiten ein ganz anderes Klima als heute, manchmal war es warm wie in den Tropen. Immer wieder wechselte das Landschaftsbild. Und oft nahm die Küste einen anderen Verlauf.

Am Nordrand des Harzes entdeckten Forscher Holzspeere, die Urmenschen zur Pferdejagd benutzten – vor 400 000 Jahren. Es sind die ältesten bekannten Jagdwaffen der Menschheit überhaupt. Im Neandertal bei Düsseldorf kamen Teile eines 40 000 Jahre alten Skeletts zum Vorschein, die weltweit für Furore sorgten und einer ganzen Gruppe europäischer Ureinwohner den Namen gaben. Auf der Schwäbischen Alb buddelten Wissenschaftler geschnitzte Figuren aus Mammut-Elfenbein aus – wohl die ersten Kunstobjekte der Welt, gefertigt vor etwa 35 000 Jahren. Bei Goseck in Sachsen-Anhalt legten Archäologen ein 7000 Jahre altes Sonnenobservatorium frei. Lange vor Stonehenge wurde es als Kultstätte genutzt. Aus dem Boden von Nebra,

ERBSTÜCKE

Roman Mischker, Leiter des Archivs im Vorgeschichtsmuseum in Halle, zeigt ein Schwert aus der Bronzezeit. Bei Grabungen gefundene Waffen, Schmuck und Werkzeuge helfen Wissenschaftlern, sich ein Bild von längst vergangenen Zeiten zu machen.

25 Kilometer weiter, stammt eine vor über 3600 Jahren gefertigte Bronzescheibe mit der ältesten konkreten Abbildung des Sternenhimmels, die es gibt. Und als Archäologen in Leubingen bei Erfurt ein Fürstengrab von ca. 2000 v. Chr. öffneten, fielen ihnen prächtige Goldschätze in die Hände. Deutschland ist ein Fundort von Weltrang.

Doch auch unscheinbare Scherben oder Tierrippen, die beim Graben zwischen Küste und Alpen ans Licht kommen, haben enorme Bedeutung. „Es gibt nicht nur Schätze aus Silber und Gold, sondern auch Schätze der Erkenntnis", sagt Harald Meller, Landesarchäologe von Sachsen-Anhalt und Direktor des Landesmuseums für Vorgeschichte in Halle. Er und seine Kollegen haben es nicht nur auf glanzvolle Trophäen abgesehen. Sie wollen Fragen beantworten, die ele-

AHNENFORSCHUNG
Die Gebeine unserer Vorfahren werden nicht nur vorsichtig gereinigt – wie diese Knochen einer Spätsteinzeit-Familie aus der Nähe von Naumburg in Sachsen-Anhalt. Mit Hilfe des radioaktiven Zerfalls von Isotopen können Forscher das Alter der Funde bestimmen, mit DNA-Analysen gelingt es ihnen, Verwandtschaftsverhältnisse zu ermitteln.

mentar sind für uns und unser Selbstverständnis. Fragen nach dem, was vor uns war, und danach, wie wir wurden, was wir sind. Wie ist unsere Heimat entstanden? Wer waren unsere Ahnen? Wo liegen die Ursprünge unserer Kultur?

Antworten darauf finden sich allein im Erdreich. „Fast die gesamte biologische Evolution und über 99 Prozent der Menschheitsgeschichte unseres Landes bilden sich nur in paläontologischen und archäologischen Quellen ab", erläutert Meller. „Wir sind Glied in einer langen Kette – und nur, wenn wir die kennen und uns als Teil davon begreifen, verstehen wir überhaupt, wer wir sind."

Doch die Quellen, auf die die Forscher zurückgreifen können, sind selten so üppig wie das Trilobitenfeld, aus dem sich Humboldt bediente. Denn nur in bestimmten Milieus härten Mineralien die Überreste von Lebewesen und konservieren sie. Umso wertvoller sind die Funde. „Es sind die einzig harten Fakten für die schöne Theorie der Evolution", sagt Professor Thomas Martin vom Frankfurter Forschungsinstitut Senckenberg, „die einzigen direkten Beweise." Noch glücklicher müssen die Umstände sein, damit Holzgeräte, Behausungen oder Bekleidung lange Zeiträume überdauern. So gibt es riesige Lücken. Jeder neue Fund kann das Bild erweitern, revidieren oder gar revolutionieren.

Was Forscher dem Spärlichen an Erkenntnissen entlocken, ist erstaunlich. Um die Fossilien und Artefakte zum Sprechen zu bringen, bedienen sie sich ausgefeilter Methoden – wie Kriminologen nach einem Verbrechen. Sie bestimmen mit Hilfe des radioaktiven Zerfalls von Isotopen das Alter der Versteinerungen, röntgen in Computertomografen Skelette, ermitteln durch DNA-Analysen Verwandtschaftsverhältnisse von Geschöpfen. Und modellieren auf alte menschliche Schädel Gesichter unserer Ahnen. Selbst mancher Unrat hilft weiter: etwa „Koprolithen" – fossilierter Kot von Tieren. Daraus lässt sich die Zusammensetzung einstiger Nahrung bestimmen.

Dabei können Paläontologen und Archäologen keineswegs in Ruhe vor sich hin forschen. Ihr Geschäft ist äußerst hektisch. Wie die Ambulanz zum Unfallopfer jagen die Forscher von Rettungsgrabung zu Rettungsgrabung. Schuld sind die Tiefbauarbeiten im Lande. Hier wird Kohle aus einer Grube geschürft, dort ein Neubaugebiet ausgeschachtet, woanders eine Autobahntrasse in die Landschaft gefräst – der Bodenverbrauch steigt. Dann muss schnell gehandelt, müssen die

UNTERGRUND VOLLER KOSTBARKEITEN
Einst wurde in der Grube Messel bei Darmstadt Ölschiefer abgebaut, heute kommen dort einzigartige Fossilien zu Tage. Die Unesco erklärte den Fundort zum Weltnaturerbe; rechts die Urkunde.

Funde gesichert werden, wie es die Denkmalschutzgesetze der Länder regeln.

Archäologie ist nervtötend für Investoren, ein Hemmnis fürs Business. So bleibt, mit Bauherren und Baggern im Nacken, oft nicht einmal Zeit, alles zu bergen; zahlreiche Quellen werden vernichtet. Heinz Günter Horn, ehemaliger nordrhein-westfälischer Städtebauminister, schätzt, dass „nur etwa fünf Prozent der im Erdreich vermuteten Bodendenkmäler vor der endgültigen Zerstörung ausgegraben, untersucht und dokumentiert werden können". Andererseits käme sicher manches gar nicht ans Tageslicht, wenn Wissenschaftler nicht durch Baustellen darauf aufmerksam würden.

Auch das Geld ist knapp. Nur mit einem Heer freiwilliger Helfer funktionieren viele Grabungen überhaupt noch, zahlreiche naturkundliche Museen müssten generalüberholt werden. Vielerorts verstauben Preziosen aus dem Untergrund, können Stücke nur in antiquierter Form präsentiert werden. Sammlungen, die ständiger Pflege bedürfen, drohen zu verfallen. Wie wenig Lobby Paläontologie und Archäologie haben, zeigte sich bereits in den achtziger Jahren. Die Grube Messel bei Darmstadt sollte zur Mülldeponie werden – eine

Fundstätte von Weltruf. Jahr für Jahr kommen dort noch heute großartige Fossilien zum Vorschein. Nur Proteste von Wissenschaftlern und Bevölkerung konnten das Vorhaben in letzter Sekunde stoppen. Inzwischen hat die Unesco Messel zum Weltnaturerbe erklärt.

UNITED NATIONS EDUCATIONAL, SCIENTIFIC AND CULTURAL ORGANIZATION

CONVENTION CONCERNING THE PROTECTION OF THE WORLD CULTURAL AND NATURAL HERITAGE

The World Heritage Committee has inscribed

the Messel Pit Fossil Site

on the World Heritage List

Inscription on this List confirms the exceptional and universal value of a cultural or natural site which requires protection for the benefit of all humanity

DATE OF INSCRIPTION
5 December 1995

DIRECTOR-GENERAL OF UNESCO

Dicke Steine im Weg der Steinekundler – doch das Engagement der Forscher ist enorm. So gelingt es den Ur- und Frühzeitexperten, bereits mit dem, was sie bislang zu sichern vermochten, das Fenster in die Vergangenheit weit aufzustoßen, eine versunkene Welt wieder auferstehen zu lassen. Ihr Archiv aus dem Erdreich erzählt eine monumentale Geschichte. Die Autoren haben sie hier aufgeschrieben. Sie haben Ausgrabungsstätten besucht, bei Paläontologen, Archäologen und Geologen recherchiert, neueste Forschungsergebnisse zusammengetragen und das Geschehen von damals rekonstruiert.

Die Reise führt durch unvorstellbare Zeiträume bis beinah in die Gegenwart – zum Anfang der Geschichtsschreibung. Sie zeigt, wie Naturgewalten unser Land gestalteten. Welche fantastischen Geschöpfe einst hier hausten. Wann erste Menschen nördlich der Alpen auftauchten. Wie unsere Ahnen zu Bauern wurden, Werkzeuge, Schmuck und Waffen herstellten und Kranke pflegten – wie all unsere Kultur entstand.

Mit der Erfindung dieser Kultur gelang dem Menschen Einzigartiges im Reich der Lebewesen: der Ausstieg aus der Natur. Homo sapiens koppelte sich weitgehend aus der biologischen Evolution aus, seit Tausenden von Jahren gilt für ihn nicht mehr rigoros das Selektionsgesetz der freien Wildbahn: Häuser und Kleidung machten unabhängig von mörderischer Kälte; Vorratshaltung schützte vorm Verhungern; medizinische Versorgung ließ Gebrechliche und Siechende überleben.

Körper und Hirn haben sich seither biologisch nicht mehr weiterentwickelt. „Wir sind von unserer physiologischen Grundkonstruktion her noch immer die Lauf-Hetz-Jäger von einst", sagt Harald Meller, „auch wenn wir heute Laptops bedienen und einen Lohnsteuerjahresausgleich machen. Nur wenn wir das verstehen, verstehen wir uns."

Im Reich der Saurier

Einst lag unser Land fast am Südpol. Im Laufe von Jahrmillionen wanderte es nordwärts. Gebirge falteten sich auf, Vulkane spuckten glühendes Gestein, Asteroiden schlugen gigantische Löcher in die Erde. Währenddessen entstanden fantastische Geschöpfe: meterlange Tausendfüßer, raubvogelgroße Libellen, tonnenschwere Reptilien. Schließlich bevölkerten Säugetiere wie Hundebär und Hasenhirsch das Terrain, auf dem wir heute leben.

Urvogel (Archaeopteryx), etwa 150 Millionen Jahre alt, gefunden im bayerischen Eichstätt

Welt der Dinos

Eine Lagune, gesäumt von kleinen Inseln mit stacheligen Araukarien, Schachtelhalm, Ginkgo und Baumfarnen von teils beachtlicher Größe – so stellen sich Wissenschaftler die Szenerie an ihrem Grabungsort bei Münchehagen vor 140 Millionen Jahren vor. Ganz in der Nähe dieser Urzeit-Landschaft brandete das Meer. Durchs seichte Wasser stapften riesige Brachiosaurier und Herden von Iguanodontiden, allesamt Pflanzenfresser. Räuber wie der Allosaurus oder der Velociraptor (nicht im Bild) gingen hier auf Beutezug.

Münchehagen, ein kleiner Ort nahe dem Steinhuder Meer, einige hundert Häuser, zwei Kirchen, ein paar Kneipen. Auch einen Steinbruch gibt es hier. Die Narbe klafft am Waldesrand im Osten des Dorfes. Dort wird Sandstein abgebaut. Die Firma Wesling liefert hochwertige Platten und Blöcke an Garten- und Landschaftsgestalter und Bildhauer.

Derzeit ist außer den Steinbrucharbeitern noch ein anderer Trupp im Revier. „Höher, ein bisschen höher!", ruft eine Frau in Jeans und derbem Schuhwerk, „noch einen Tick! Gut!" Die Zähne einer Baggerschaufel haben sich in den Fels gebissen, der Diesel jault. Ein großer Quader bricht aus der Kante, der stählerne Greifer hievt ihn nach oben. Dann karrt ein Kipplader den Brocken in eine Ecke.

In einer Stunde ist eine 20 Quadratmeter große Ebene freigelegt. Mit Besen und Kellen säubern eifrige Hände den felsigen Untergrund, kratzen vorsichtig Material aus Vertiefungen. „Hier", jubelt die Frau, „ein Abdruck!" Bald kommt noch einer zum Vorschein und dann weitere. Jeder ist 30 Zentimeter lang. Es sind die Spuren von Riesen. Die Pranken von Dinosauriern ließen hier die Erde beben.

SPURENSICHERUNG
Iguanodon-Abdrücke sind zum Vorschein gekommen. Saurierexpertin Annette Broschinski reinigt sie mit Wasser.

Seit Sommer 2004 sind die Paläontologin Annette Broschinski und ihre Mannschaft vom Niedersächsischen Landesmuseum Hannover aktiv, unterstützt von Dutzenden freiwilliger Helfer. Zig Fährten haben sie inzwischen freigelegt. Alles vermessen, Abgüsse genommen und bestimmt, von welchen Giganten die Spuren stammen. „Es waren zwei Pflanzenfresser, Iguanodontiden, und ein klei-

FORSCHER-MALOCHE
In einem Steinbruch beim niedersächsischen Münchehagen sucht das Team um Paläontologin Annette Broschinski nach Dinosaurierfährten. Mit Baggerschaufel und Muskelkraft werden große Brocken gehoben.

ner Raubsaurier, wohl ein früher Velociraptor“, sagt Broschinski, „möglicherweise hat hier sogar ein Kampf stattgefunden.“ Weiteres Steinerücken soll Genaueres zeigen.

Vor etwa 140 Millionen Jahren lebten die Echsen hier, so alt ist der Sandstein. Damals, so schließt die Forscherin aus dem versteinerten Rippel-Feld ringsum, erstreckte sich an dieser Stelle eine große Lagune, ganz in der Nähe war das Meer. Die Tiere durchquerten auf ihrer Nahrungssuche das seichte Wasser, hinterließen im morastigen Untergrund ihre Fährten. Stürme trieben bald darauf Sand von vorgelagerten Inseln dorthin; er bedeckte alles und konservierte die Abdrücke.

Deutschland war Dinosaurierland – und noch viel mehr. Ein Flecken Erde, auf dem ein großartiges geologisches und biologisches Schauspiel stattfand. Fantastisch sind die fossilen Zeugnisse aus ferner Zeit, vielfältig die Überbleibsel von skurrilem Getier. Von fliegenden Eidechsen, vier Meter langen Kröten, winzigen Urpferden und hoppelnden Hasenhirschen, geborgen zwischen Nordsee und Alpen. Ungezählte Stücke lagern in den Asservatenkammern der Paläontologen, Tausende Tonnen Puzzlesteine. Und ständig kommt Neues hinzu. Immer besser gelingt es Forschern, daraus ein Bild von der Urgeschichte unserer Heimat zu rekonstruieren. Das Szenario, das sie entwerfen, ist grandios und furios.

MARITIMES ERBE
Der Königsstuhl auf der Insel Rügen. Die Kreidefelsen entstanden durch die Ablagerung von Kalkplättchen winziger Algen.

Die Geschichte entführt in unfassbare zeitliche Dimensionen. Sie beginnt vor etwa 540 Millionen Jahren. Seitdem gibt es nennenswerte Versteinerungen. Zuvor hatte die Natur noch so gut wie keine harten Teile, Skelette und Panzerungen für ihre Organismen erfunden – und Weiches fossiliert kaum.

„Damals lag Deutschland noch fast am Südpol“, sagt Reinhold Leinfelder, Professor für Paläontologie und Historische Geologie an der Ludwig-Maximilians-Universität in München, „und es war keineswegs ein zusammenhängendes Gebiet, sondern bestand aus mehreren weit auseinander liegenden Teilen." Die Kontinentalverschiebung hat sie allmählich über den Globus reisen lassen. Motor für diese immerwährende Bewegung ist die innere Dynamik unseres Planeten, die all die Platten der Kontinente mit den Landmassen ständig auseinander und gegeneinander drückt. Dadurch ändert sich im Laufe der Zeit das Gesicht der Erde dramatisch.

Deutschland war zunächst dreigeteilt. Seine Landmassen lagen auf kleineren Schollen, denen Geologen die Namen Avalonia und Armorica gaben, sowie auf dem Großkontinent Gondwana. Zentimeter um Zentimeter und manchmal auch mit größerem Ruck schoben sie sich auf verwundenen Bahnen, mit etlichen Zusammenstößen, in unsere Breiten. Nachvollziehen können Wissenschaftler das beispielsweise mit Hilfe des unterschiedlichen Alters verschiedener Ozeanböden.

Während dieser Wanderung tauchten Teile unseres heutigen Gebiets immer wieder ab ins Meer, andere aus dem Wasser auf, oft ragten nur wenige Inseln aus der See. Obendrein schwankte das Klima häufig und dramatisch, verursacht durch astronomische, geologische und biologische Faktoren.

AUS DEM MEER GEBOREN
Die Zugspitze lag einst unter Wasser und war ein Schwamm-Riff.
Sie gehörte zur afrikanischen Kontinentalplatte.

Land unter

Vor 380 Millionen Jahren gehörte das Gebiet, auf dem heute die Zugspitze aufragt, zum Großkontinent Gondwana – lag aber unter Wasser. Die Scholle, auf der sich die Region um das heutige München befand, kollidierte zu diesem Zeitpunkt gerade mit der Region um das spätere Hamburg. Allerdings waren große Teile des „süddeutschen Kontinents“ ebenfalls vom Meer überflutet.

BIRIEN
URAL
ARABIEN
URKONTINENT
GONDWANA
HAMBURG
MÜNCHEN
ZUGSPITZE
AFRIKA
AMERIKA
SÜDAMERIKA

So erstreckte sich etwa dort, wo heute im Westen Deutschlands die Eifel liegt, vor 390 Millionen Jahren ein gewaltiges Korallenriff, mindestens 75 Kilometer lang war das Unterwasserbiotop. Heute formen die alten Strukturen die Berge und Klippen der Landschaft. Auch Teile des Harzes waren solche Siedlungen von Meeresorganismen. Und Deutschlands höchster Berg, die Zugspitze, ist ebenso ein Überbleibsel ozeanischen Lebens, gebildet vor allem von urzeitlichen Schwämmen.

Die mächtigen unterirdischen Salzstöcke bei Bad Reichenhall oder Lüneburg entstanden vor 260 Millionen Jahren, als aus dortigen Meeresbecken das Wasser verdunstete und die weißen Kristalle zurückblieben. Und die Kreidefelsen von Rügen sind nichts anderes als Ablagerungen von Kalkplättchen mikroskopisch kleiner Algen. Formiert haben sich die bizarren Naturschönheiten vor etwa 75 Millionen Jahren; über große Teile Europas schwappte da ein Ozean.

„In all diesen Zeiten war es hier tektonisch ausgesprochen unruhig, Erdbeben waren an der Tagesordnung“, sagt Leinfelder, „vor allem, als sich unsere Kontinentalplatten zusammenfügten.“ Zweimal kam es zu einem solchen großen Crash. Der erste ereignete sich vor etwa 380 Millionen Jahren: Auf die Scholle, zu der inzwischen Avalonia mit dem heutigen Norddeutschland gehörte, krachte Armorica, das Mittel- und Süddeutschland beisteuerte. Die Ränder türmten sich zu den Mittelgebirgen auf.

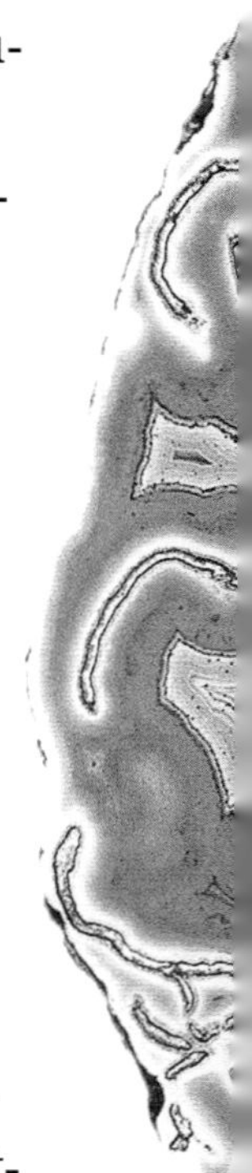

Vor gut 50 Millionen Jahren gab es den zweiten Rums, als die jetzige afrikanische Platte dazukam, an deren Peripherie zu jener Zeit der dritte Deutschlandteil mit der heutigen Region um die Zugspitze lag. Damals fingen die Alpen an, sich zu falten. Wie jung sie sind, verraten ihre spitzen Gipfel – die hatten einst auch die Mittelgebirge; Wind und Wasser haben sie jedoch im Laufe ihres wesentlich längeren Daseins abgeschliffen.

Hunderte von Vulkanen spuckten in diesen Zeiten immer wieder Feuer, schleuderten Magma und Asche weit ins Land, viele Millionen Jahre lang. Ob im Kaiserstuhl oder auf der Wasserkuppe, auf dem Hohen Meißner, im Habichtswald, in der Eifel oder in Sachsen – vielerorts thronen heute noch Basaltmassive, erstarrte Reste von einst. Auch die Edelsteine, die Idar-Oberstein weltberühmt machten, sind Produkte dieses frühen Vulkanismus. Die gebänderten farbigen

Achate, die in der Region gefunden werden, entstanden aus heißem Mineralwasser, dessen Quarzbestandteile in Lavahohlräumen kristallisierten.

Der größte Vulkan ganz Mitteleuropas war der hessische Vogelsberg. Vor 19 Millionen Jahren brach er zum ersten Mal aus. Sein Fuß ist 60 Kilometer breit und damit größer als der des Ätna. Die ursprüngliche Höhe schätzen Vulkanologen auf 2000 Meter, heute ist der Lavagigant erodiert und nur noch etwa halb so hoch. „Neun Millionen Jahre lang war er aktiv", sagt Andreas Hoppe, Professor an der TU Darmstadt. Der Geowissenschaftler leitete eine Bohrung, die tief in das einstige Ungetüm eindrang und wertvolle Einsichten ins Geschehen von damals lieferte. „Aus zahlreichen Schloten ergoss sich die Lava", erklärt Hoppe, „mit bis zu 25 Meter dicken Strömen. Dann wieder gab es heftige Eruptionen, dabei wurde Asche Hunderte von Kilometern weit geschleudert." Erstarrte Lavaflüsse des Vogelsbergs reichen bis nach Frankfurt; Keller in der Bockenheimer Basaltstraße sind in vulkanisches Gestein geschlagen.

URGESTEIN
Die Achate von Idar-Oberstein entstanden vor Millionen von Jahren durch Vulkanismus.

Nicht nur Gewalten aus dem Inneren der Erde formten unser Land, sondern auch Kräfte, die von oben kamen. Es passierte, so haben Wissenschaftler rekonstruiert, vor knapp 15 Millionen Jahren: Aus dem Weltall raste ein Doppel-Asteroid, ein 1,5 Kilometer und ein

150 Meter dicker Steinbrocken, auf unsere Heimat zu. Die Geschosse durchschlugen die Atmosphäre und krachten in die süddeutsche Kruste. Dort rissen sie in der Schwäbischen und nahe der Fränkischen Alb zwei riesige Löcher: das Steinheimer Becken, 3 Kilometer breit, und das Nördlinger Ries mit einem Durchmesser von 25 Kilometern.

Wahrscheinlich verwüstete der himmlische Hieb mit einer Vernichtungsgewalt von mehr als 200 000 Hiroshima-Bomben weite Teile des Landes. „Im Umkreis von 200 bis 300 Kilometern dürfte es jegliche Flora und Fauna erwischt haben“, vermutet Thomas Kenkmann vom Institut für Mineralogie

FRÜHE MEERESFAUNA
Ammoniten lebten vor über 100 Millionen Jahren im Ozean, der damals hier schwappte.

an der Berliner Humboldt-Universität. Der Geologe erforscht die Gesteinstrümmer, die damals entstanden, und findet sogar kleine Diamanten. „Der Druck war so immens, dass er sie aus dem Graphit in der Umgebung gepresst hat." Doch so verheerend die Katastrophe auch war – langfristige Folgen für Vegetation und Tierwelt konnten Forscher nicht feststellen.

Turbulente geologische Zeiten, aufregende biologische Epochen. Während Meteoriten niederkrachten, Vulkane das Land mit Lava überzogen und die Kontinente wanderten, brachte die unbändige Innovationskraft der Evolution ständig neue Pflanzen und Tiere hervor. Sie veränderte ihre Geschöpfe, verwarf Schlechtes, bewahrte Besseres und schuf eine Fülle skurriler Ureinwohner.

PIONIER
Die krebsartigen Trilobiten gehörten zu den ersten gepanzerten Tieren. Schon vor 540 Millionen Jahren bevölkerten sie das Meer, das über Teile unseres Landes wogte.

Vor einer halben Milliarde Jahren tummelten sich die Organismen nur im Meer, das hierzulande wogte. Vor allem waren es Algen, Urschwämme, Urschnecken und Trilobiten: krebsartige Tierchen, die aussahen wie kleine Aliens. Es gab sie in vielerlei Variationen, meist nur einige Zentimeter groß. Der Körper der Kiemenatmer wurde von einem dreilappigen Rückenpanzer aus Kalk geschützt. „Sie besaßen Facettenaugen wie unsere heutigen Insekten", berichtet Bettina Reichenbacher, Professorin für Paläontologie in München und Präsidentin der Paläontologischen Gesellschaft, „beim Wachsen stießen die Tiere mehrmals ihre Kalkhüllen ab und viele auch jedes Mal ihre Augen. Die wuchsen wieder nach, wahrscheinlich konnten die Trilobiten dann sogar besser sehen als zuvor."

Ein Meilenstein in der Entstehung der Wirbeltiere war später die Entwicklung der Fische. Zunächst durchstreiften kieferlose Wesen,

ECHSEN-SHOW
Die Plateosaurier, mit deren Nachbildungen gerade eine Ausstellung im Stuttgarter Naturkundemuseum vorbereitet wird, hausten vor 220 bis 210 Millionen Jahren in der Nähe des baden-württembergischen Ortes Trossingen.

einige Dezimeter groß, die Fluten. Dann zweieinhalb Meter lange Schwimmer – dort, wo sich heute der Hunsrück erstreckt, wurden ihre Abdrücke gefunden. Räuber waren es, mit einem Panzer aus massiven Knochenplatten. Bei Bergisch-Gladbach kam gar das Fossil eines mehrere Dezimeter großen Wassergeschöpfes mit „Beinen“ zutage. Mit ihren kräftigen Flossen konnte die Kreatur vor 400 Millionen Jahren nicht nur durch ihr angestammtes Element pflügen, sondern sich so-

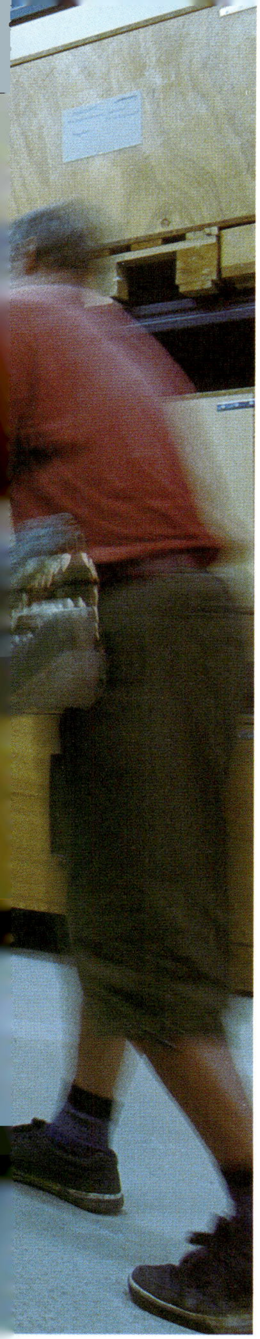

gar übers Trockene von Tümpel zu Tümpel schleppen – ein Quastenflosser. Biologen glauben, dass er das Bindeglied zu jenen Tieren ist, die später das Land eroberten.

Dort auf dem Trockenen sprossen zunächst einfache Pflanzen. Millionen von Jahren später wucherten in ausgedehnten Sümpfen riesige Wälder aus baumgroßen Farnen, Schachtelhalmen und Siegelbäumen, die bis zu 30 Meter in die Höhe ragten. Als die Monster-Vegetation abstarb, versackte sie im Schlamm der Moraste. Der Druck der sich darüber bildenden Sedimente presste alles zusammen; im Lauf der Zeit entstand ein Stoff, den der energiehungrige Mensch heute an der Saar, im Ruhrgebiet, im Erzgebirge und in Schlesien aus der Erde holt: Steinkohle.

Inzwischen waren – vor 430 Millionen Jahren – die ersten Tiere an Land gegangen. Sie gediehen bald prächtig. Da schwirrten durchs Labyrinth der Pflanzengiganten Riesenlibellen, bei Halle an der Saale entdeckt. Die Insekten hatten eine Flügelspannweite von fast 40 Zentimetern. Und auf dem Boden krabbelten Tausendfüßer mit enormen Ausmaßen. Die Tiere, deren versteinerte Überreste im Ruhr- und Saargebiet, aber auch in Sachsen und Schlesien gefunden wurden, erreichten eine Länge von 1,8 Metern.

Beim Bau der Autobahn Heilbronn–Nürnberg kam der größte Lurch der Erdgeschichte zum Vorschein. Vor 220 Millionen Jahren kroch das fast vier Meter lange Vieh durch Württemberg. Der wie eine riesige Kröte aussehende Mastodonsaurus konnte sein Maul bis zu 90 Grad weit aufreißen und besaß ein drittes „Auge“ über den beiden anderen – wahrscheinlich eine Art Thermosensor, mit dem der Räuber je nach Sonneneinstrahlung seine Körpertemperatur regeln konnte. Einen weiteren Urzeitrekord stellte ein Riesenammonit auf. 1,8 Meter betrug der Durchmesser des marinen Kopffüßers, der in einer spiralförmig gerollten Kalkschale lebte. Der entfernte Verwandte heutiger Tintenfische wurde nahe der Gemeinde Seppenrade im Münsterland gefunden.

„Dass viele Lebewesen so groß waren, hat eine ganze Reihe von Gründen“, sagt Bettina Reichenbacher, „bei den Insekten mit ih-

Jäger in der Tiefe

Die torpedoförmigen Ichthyosaurier gehörten zu den Großräubern des Meeres, das vor 200 bis 145 Millionen Jahren über der Schwäbischen Alb lag. Manche Arten wurden über 20 Meter lang, wogen bis zu 30 Tonnen und jagten die in Schwärmen umherziehenden Leptolepides-Fische. Wie die Paddelechsen (oben) waren die Ichthyosaurier Lungenatmer. Sie legten keine Eier, sondern brachten ihre Jungen lebend zur Welt. Zu ihrer Zeit bevölkerten auch Ammoniten die Fluten.

rer Tracheen-Atmung lag es möglicherweise daran, dass der Sauerstoffgehalt der Atmosphäre höher war, sodass selbst Tiere mit längerem Röhrensystem, also größeren Körpern, noch ausreichend Luft bekamen." Ein beeindruckendes Format dürften sich viele Kreaturen auch deshalb zugelegt haben, weil auf diese Weise Feinde einfacher in die Flucht zu schlagen waren. Voraussetzung fürs Wachsen war natürlich das Nahrungsangebot – in vielen ökologischen Nischen gab es reichlich.

Im Daseinskampf zwischen den unterschiedlichen Lebensformen lagen bald die Reptilien ganz weit vorn. So jagten im Meer, das sich vor 200 bis 145 Millionen Jahren im Bereich der heutigen Schwäbischen Alb erstreckte, bis zu 23 Meter lange und 30 Tonnen schwere Räuber ihre Beute: Fischsaurier. Die Körper der Lungenatmer waren wie ein Torpedo geformt, mit ihrer senkrechten Schwanzflosse erreichten sie eine Geschwindigkeit von fast 50 Stundenkilometer. Ihre Jungen krochen nicht mehr aus Eiern, sondern wurden wie Säugetiere lebend geboren.

An Land herrschten bereits andere Echsen: die Dinosaurier – wie die Spuren zeigen, die im niedersächsischen Münchehagen freigelegt werden. Schon vor mehr als 150 Jahren kamen die ersten Hinweise auf ihre Existenz zutage: In einer Tongrube bei Nürnberg fand ein Arzt rätselhaftes riesiges Gebein. Es gehörte, wie sich später herausstellte, zu einem Plateosaurus. Etwa acht Meter lang und mehrere Tonnen schwer war das Tier, das sich an Farnen, Schachtelhalmen und Ginkgogewächsen labte. Bäume, die Laub abwerfen, gab es noch nicht. Sie gedeihen hier erst seit 35 Millionen Jahren.

Bis heute entdeckten Forscher Überbleibsel von mehr als 160 hiesigen Sauriern. Manchmal war es nur ein einzelner Zahn, ein andermal ein komplettes Skelett. Nahe der Stadt Kelheim an der Donau etwa wurde das Knochengerüst eines fleischfressenden Compsognathus geborgen, mit den Resten einer Echse im Bauch. Und beim baden-württembergischen Städtchen Trossingen gruben Wissenschaftler 35 vollständige Plateosaurus-Skelette aus. Nirgendwo sonst auf der Welt sind mehr davon aufgetaucht.

Die Funde reißen bis heute nicht ab: Erst 1998 spürten Paläontologen im Wiehengebirge bei Minden Reste eines Raubsauriers auf. 14 Meter lang war das Monster, es wog sechs Tonnen und hatte Zähne, die so groß waren wie Bananen. Um welche Spezies es sich handelte, konnte bis heute nicht genau geklärt werden. Derzeit buddeln Forscher im Sauerland und bei Oker im Harz. Sie finden Knochen einer ganzen Reihe verschiedener Saurierspezies.

Auch versteinerte Fährten der Giganten kommen zum Vorschein – ein früherer Fund bei Münchehagen wurde zum Herzstück eines ganzen „Dinoparks". Selbst an einer Hauswand in Hannover gibt es eine Spur. „Jahrelang bin ich ahnungslos durch die Sophienstraße geradelt", erzählt Dinosaurier-Forscherin Annette Broschinski, „dann hab ich sie zufällig gesehen." Auf zwei Natursteinplatten, mit denen ein Gebäude verkleidet ist, erspähte sie die Abdrücke eines kleinen Allosaurus. Das Material, das dort verbaut wurde, stammt aus einem nahen Steinbruch. „Wir wissen heute, dass es in Deutschland gewimmelt hat von Dinos, ganze Herden zogen durch die Gegend", sagt Broschinski, „150 Millionen Jahre lang war unser Land mit Sauriern dicht bevölkert."

Reptilien beherrschten sogar unseren Luftraum: Hiesige Flugsaurier waren spatzen- bis adlergroß, sie ruderten und segelten am süddeutschen Himmel. Bei Solnhofen im Altmühltal und beim nahen Städtchen Eichstätt wurden sie ausgegraben. Später teilten sie sich ihr Element mit Archaeopteryx, dem Urvogel. Auch seine Überreste wurden dort und beim nördlicheren Dorf Jachenhausen entdeckt – alle neun mehr oder minder gut erhaltenen Skelette und eine Feder, die bislang überhaupt zu Tage kamen. Was Spekulationen erlaubt, dass Süddeutschland möglicherweise der Geburtsort der Vögel auf unserem Planeten war.

Denn das kleine gefiederte Wesen mit bezahntem Schnabel, das vor 150 Millionen Jahren lebte, war zwar noch ein gutes Stück Reptil, doch schon eine deutliche Weiterentwicklung in Richtung Vogel. Allerdings haperte es mit dem Fliegen arg, in Sachen Luftmobilität war Archaeopteryx ein blutiger Anfänger. Vor allem gegenüber den Flugsauriern, die dennoch mit den Vögeln nicht verwandt sind. Der Zweibeiner musste auf Bäume klettern, dann flatterte er los. Doch keinen Zentimeter Höhe konnte er gewinnen, schon bald nach seinem Start musste er auf einem tiefer gelegenen Landeplatz niedergehen. Damit übertraf er kaum die Eidechsen, die bereits mehr als hundert Millionen Jahre zuvor durch die Luft segelten und deren Überbleibsel in Nordhessen gefunden

Bedrohlicher Vogel

Ein Vulkansee inmitten tropischer Urzeitvegetation: Wo heute die Grube Messel bei Darmstadt liegt, hauste vor 47 Millionen Jahren der Riesenvogel Gastornis – zeitgleich mit den Urpferden. Ob das bis zu zwei Meter große Tier die kleinen Säuger verspeiste oder sie nur hin und wieder scheuchte, ist ungewiss. Noch können Forscher nicht sagen, ob Gastornis ein Fleischfresser war.

Wie Forscher die Zeit messen

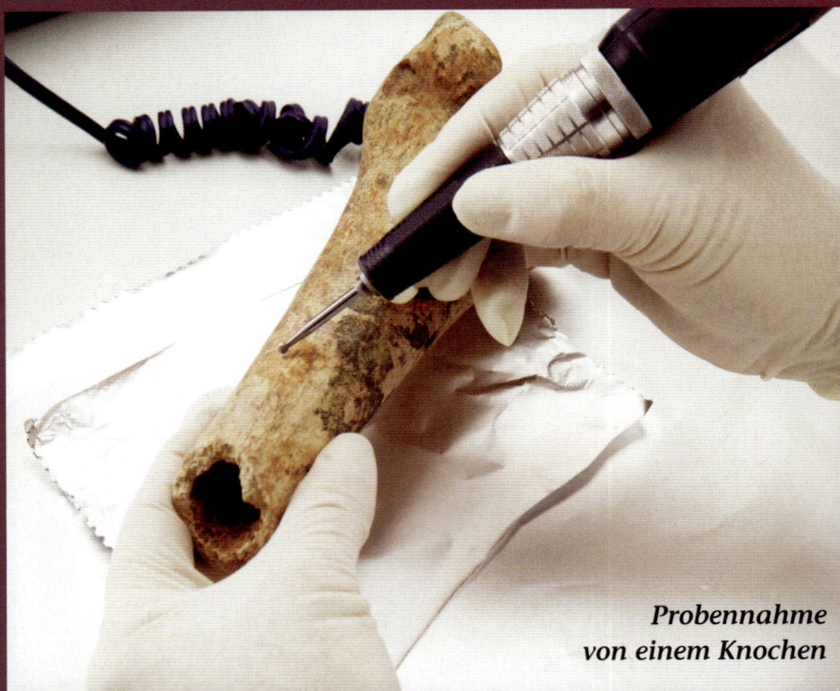

Probennahme von einem Knochen

Bei der Altersbestimmung von Versteinerungen nutzen Wissenschaftler die Tatsache, dass viele chemische Elemente in der Natur in Form von mehreren Isotopen vorkommen – also eine unterschiedliche Zahl von Neutronen haben. Einige dieser Isotope sind instabil: Sie zerfallen radioaktiv in andere Elemente, jeweils innerhalb ganz bestimmter Zeitspannen und nach bekannten Gesetzen.

Lebewesen nehmen aus der Atmosphärenluft oder über die Nahrung aus Ozean und Erdboden diese chemischen Elemente auf und bauen sie in ihren Organismus ein. Wenn sie sterben und fossilieren, endet die Aufnahme – von nun an entspricht der Mix der Isotope bzw. ihrer Zerfallsprodukte nicht mehr dem in der Natur, sondern ändert sich gemäß den bekannten Zerfallsreihen. Kommt nach Jahrtausenden und Jahrmillionen die Versteinerung zutage, können Wissenschaftler die aktuellen Zerfallsprodukte und ihre gegenwärtigen Häufigkeiten bestimmen. Daraus lässt sich errechnen, zu welchem Zeitpunkt der ursprüngliche Isotopen- bzw. Zerfallsprodukte-Mix existiert haben muss.

wurden. Diese einen halben Meter großen Tiere besaßen große Hautlappen auf beiden Seiten des Körpers. Die konnten sie aufspannen und ein kurzes Stück gleiten.

Wie lange Archaeopteryx lebte, ist unbekannt – die Saurier jedenfalls starben vor 65 Millionen Jahren aus. Und mit ihnen ein Großteil aller Kreatur. Eine apokalyptische Katastrophe muss damals über die Erde gekommen sein. Lange Zeit wurde vermutet, dass der Einschlag eines riesigen Meteoriten am Golf von Mexiko schuld am Massentod war. Den Theorien zufolge schleuderte er so viel Staub in die Atmosphäre, dass sie sich globusweit über lange Zeit verdunkelte. Zudem wurden reichlich Schwefel und Kohlendioxid freigesetzt, die die Ozonschicht zerstörten. Heute sind Forscher davon überzeugt, dass es wohl eher ein gigantischer indischer Vulkankomplex war, der einige hunderttausend Jahre lang spuckte und auf ähnliche Weise unsere Lufthülle verdarb, mit üblen Folgen für Klima und Biosphäre: Pflanzen und Tiere gingen zugrunde.

„Es gab mehrere solcher Massensterben in der Erdgeschichte", erklärt Bettina Reichenbacher, „wir gehen heute davon aus, dass sich fünf große und etwa zehn kleinere Katastrophen ereigneten." Dass Paläontologen die Urzeit in Abschnitte einteilen, die sie Kambrium, Ordovizium, Silur, Devon, Karbon, Perm, Trias, Jura, Kreide, Paläogen und Neogen nennen, hat damit zu tun – an den Übergängen änderten sich jeweils Flora und Fauna deutlich. Für manche dieser Dramen haben die Forscher bislang nur Hypothesen. „Die Aufklärung der Massensterben ist eines der großen Forschungsgebiete der Paläontologie", sagt die Münchner Professorin.

Auch auf anderen Feldern gibt es noch zu tun. So verstehen Forscher bislang nicht genau, warum das Klima über die Jahrmillionen so enorm schwankte. Und warum die Ozeanpegel ständig gesunken und gestiegen sind. Außerdem wollen sie herausbekommen, wie nicht nur einzelne Organismen, sondern ganze Ökosysteme, Geflechte von Abhängigkeiten, funktionierten und wie sie sich dann immer wieder verändert haben. Zudem hoffen die Wissenschaftler auf weitere wichtige Fossilien, denn zahlreich sind die „missing links". „Jeder Neufund wird ein aufregendes Puzzlestück im großen Stammbaum des Lebens", so Reichenbacher.

Star der Grube Messel

Das Urpferd, das vor 47 Millionen Jahren in Hessen herumhoppelte, wurde nur so groß wie ein heutiger Fuchs. Bei diesem Exemplar ist sogar der Mageninhalt erhalten: Das Tier ernährte sich von Blättern und Weinreben.

Das Ende der Saurier – es war die Chance für die Säugetiere, die bis dahin im Schatten der Riesenechsen vegetierten und überlebten. Sie entwickelten sich prächtig in den frei gewordenen Lebensräumen. Eine einmalige Einsicht in diese Welt vor 47 Millionen Jahren bieten die fossilen Schätze der Grube Messel nahe Darmstadt, einer der bedeutendsten Fundstätten. Bis 1971 wurde in dem einstigen Vulkansee, der später verlandete, kommerziell Ölschiefer abgebaut. Dann buddelten dort zunächst Privatleute und später Profis nach Überbleibseln aus der Urzeit, mit überwältigendem Erfolg. Jahr für Jahr kommt Sensationelles zutage.

„Tausende Fossilien haben wir inzwischen geborgen", berichtet Stephan Schaal, Leiter der Messel-Abteilung am Frankfurter Senckenberg-Forschungsinstitut. Krokodile und kopulierende Schildkröten, acht Zentimeter lange Riesenameisen, Fledermäuse, Leguane, Ameisenbären und der Knochen eines zwei Meter großen Riesenlaufvogels sind dabei, aber auch Nager, Beuteltiere, Urraubtiere, Tapire und frühe Primaten. Vieles ist von der Schwanz- bis zur Nasenspitze erhalten, gelegentlich sogar mit Mageninhalt.

Stars der Grube sind die Urpferde. „Drei verschiedene Arten haben wir gefunden", erläutert der Forscher, „Hengste, Stuten und Fohlen, mehr als 60 Exemplare, einige Stuten sogar mit Fötus im Bauch." Kaum größer als ein heutiger Fuchs waren die frühesten Ahnen unserer Rosse, sie hatten an den Vorderfüßen vier und an den Hinterfüßen je drei Hufe, sie hoppelten, anstatt zu galoppieren. Ihr Futter: Blätter und Weinreben. Gras spross damals noch nicht, erst vor gut 15 Millionen Jahren traten die Halme ihren Siegeszug um den Globus an.

„Wir konnten in Messel bisher 45 verschiedene Säugetierarten identifizieren", sagt Schaal, „im damaligen subtropisch-tropischen Klima Europas konnten sie sich offenbar optimal entwickeln." So bildete sich ein breiter Grundstock, aus dem viele heutige Typen entstanden.

Manche allerdings starben wieder aus – wie Hundebär und Hasenhirsch. Sie lebten vor 16 Millionen Jahren nahe dem Dörfchen Sandelzhausen beim bayerischen Mainburg. Der Hundebär hatte das Format eines heutigen Löwen, sein Skelett allerdings war bärenähnlich, Kiefer und Zähne sahen aus wie die eines Hundes unserer Zeit. Der Hasenhirsch war von Gestalt und Größe mit heutigen Hasen vergleichbar. Doch er trug auf dem Kopf den Auswuchs des Stirnbeins, ein we-

TROPHÄENSAMMLUNG
Stephan Schaal vom Frankfurter Senckenberg-Forschungsinstitut (rechts) und ein Mitarbeiter bringen ein Krokodil aus der Grube Messel ins Magazin ihres Hauses.

nige Zentimeter großes Geweih: eindeutig ein Ahne der Hirsche.

Bestens jedoch entwickelten sich andere Säuger – im fernen Afrika: die Affen. Behände hangelten sich dort haarige Horden durch die Baumwipfel. Und bald schon übten einige der Primaten den aufrechten Gang in der Savanne. „Hominiden" wurden sie von Anthropologen getauft. Vor fast zwei Millionen Jahren verließ dann ein Häufchen dieser Zweibeiner den warmen Kontinent. „Homo erectus" machte sich auf den langen Weg nach Norden.

FANTASTISCHE KREATUREN,

Mit Hilfe von Fossilien – die ältesten hierzulande sind rund 540 Millionen Jahre alt – rekonstruieren Paläontologen die Tier- und Pflanzenwelt unserer Vergangenheit. Dabei teilen die Forscher die Urgeschichte in verschiedene Zeitabschnitte ein – wie Kambrium, Ordovizium, Silur. Deutliche Veränderungen in der Entwicklung von Fauna und

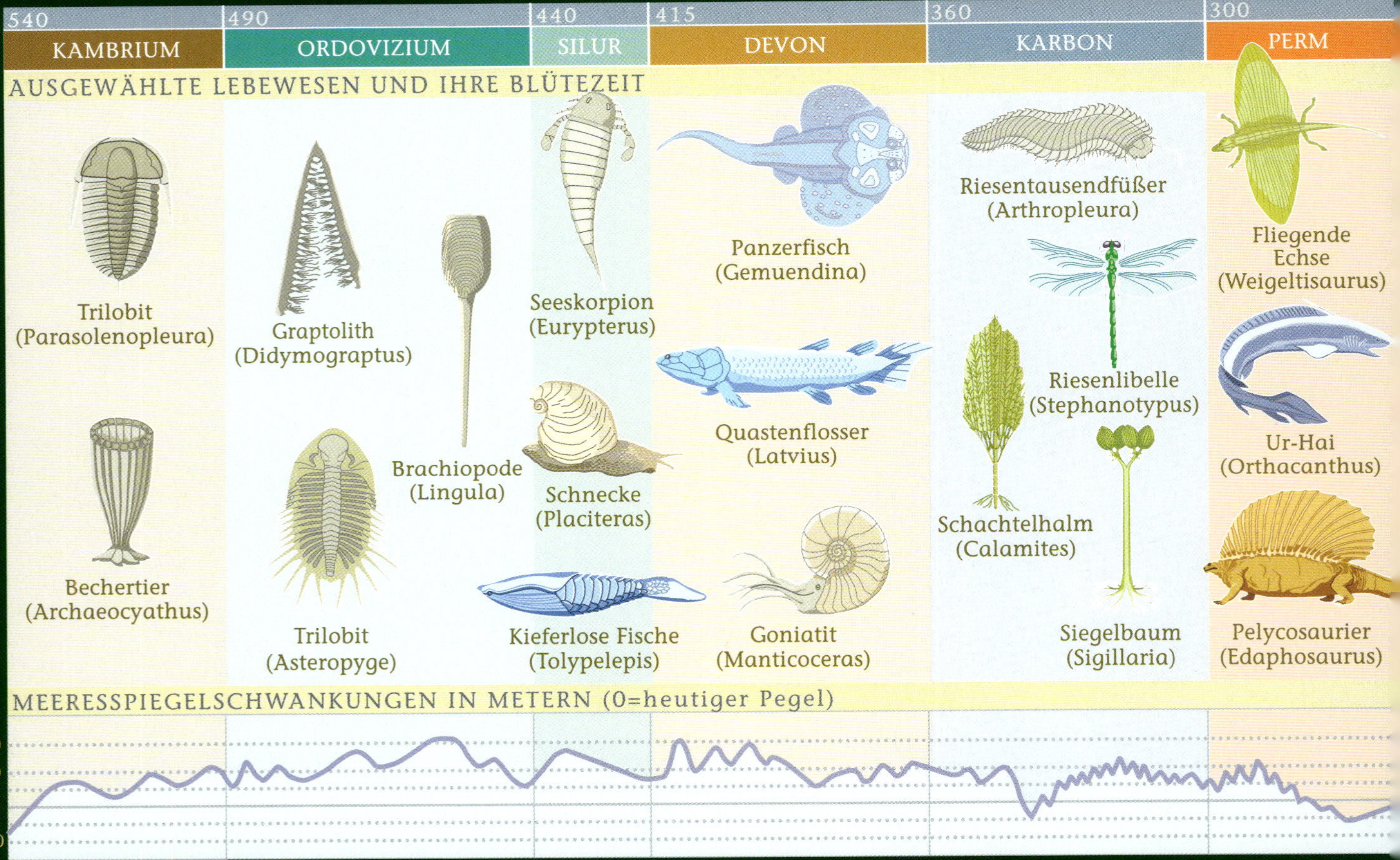

DIE KONTINENTE UND IHRE WANDERUNG

Vor einer halben Milliarde Jahre lag unser Land fast am Südpol – und war dreigeteilt: In ein heute nördliches Gebiet (mit „Hamburg" gekennzeichnet), ein Gebiet mit dem heutigen Mittel- und Süddeutschland („München") und in den Zipfel, auf dem jetzt die Zugspitze aufra

■ Hamburg ● München ▲ Zugspitze ■ Land über dem Meeresspiegel □ Landmasse, aus der sich die heutigen Kontinente

1 Vor 458 Mio. Jahren

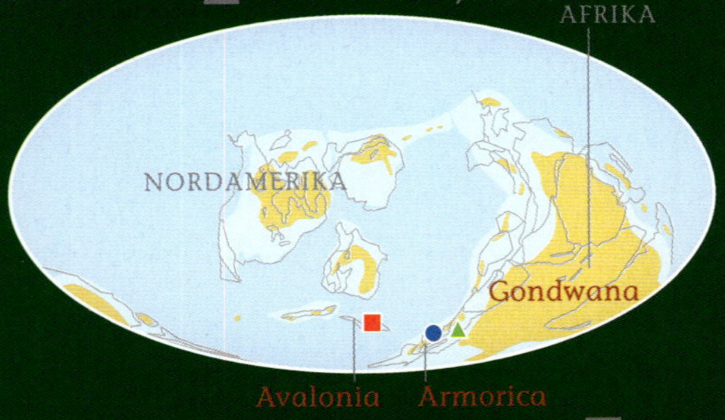

3 Vor 380 Mio. Jahren

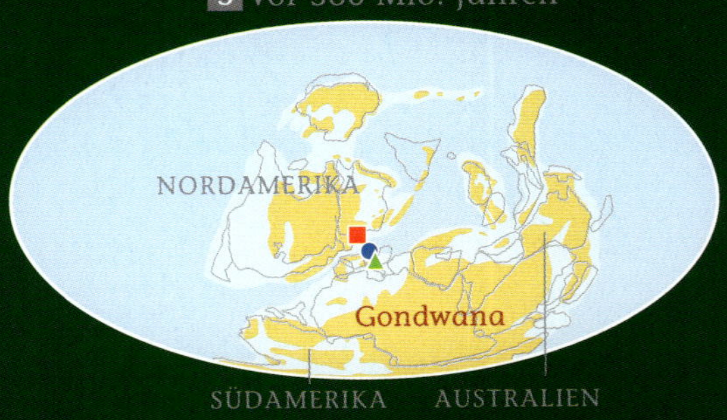

2 Vor 425 Mio. Jahren

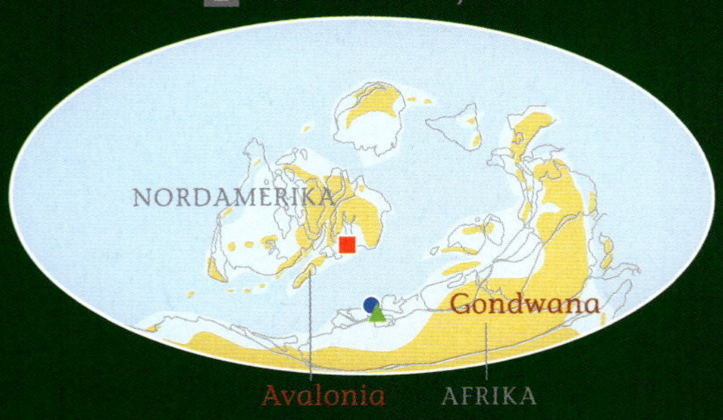

4 Vor 306 Mio. Jahren

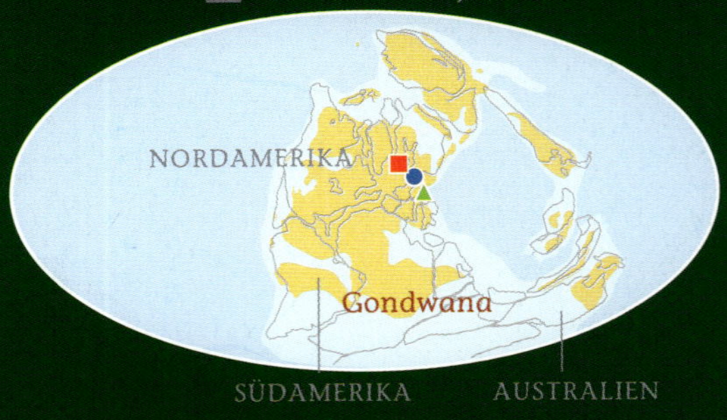

WANDERNDE KONTINENTE

Flora markieren die Grenzen zwischen diesen Abschnitten. Über die Jahrmillionen hat die Evolution eine Vielzahl von Lebewesen auf unserem Boden und in den Gewässern an unseren Küsten hervorgebracht. Immer wieder schwankte der Meeresspiegel – oft um mehrere hundert Meter. Auch das Klima änderte sich ständig

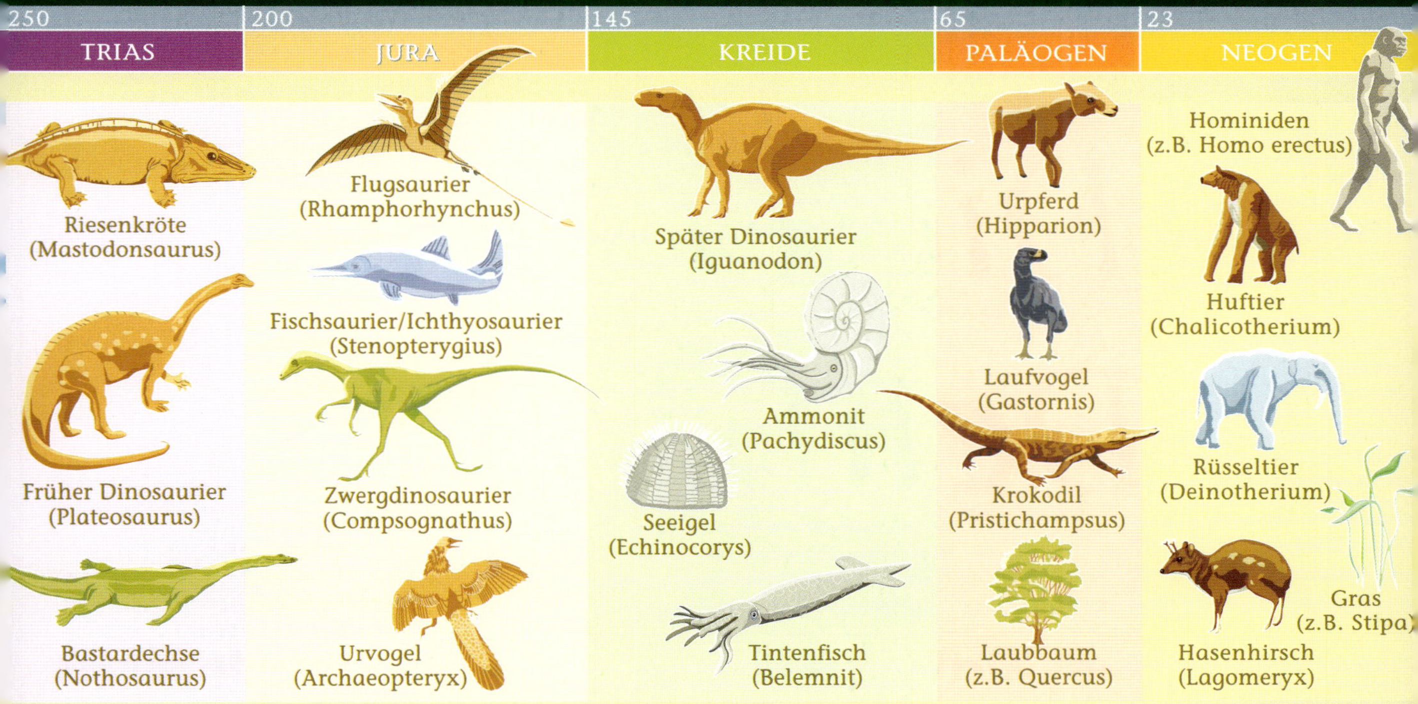

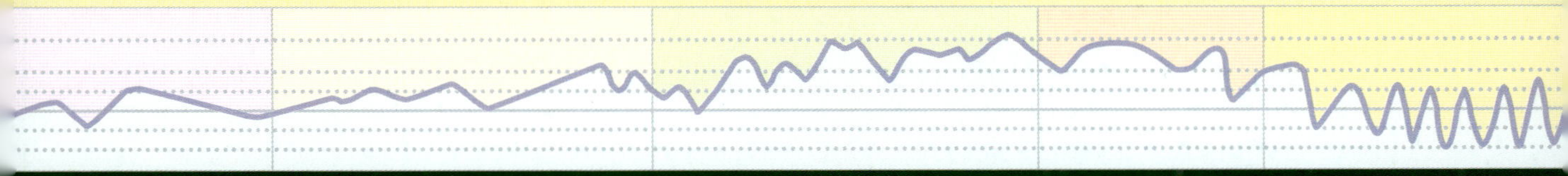

Die Regionen befanden sich auf verschiedenen Urkontinenten der Südhalbkugel (Avalonia, Armorica und Gondwana). Die Kontinentaldrift hat sie im Laufe der Zeit in unsere heutigen geografischen Längen und Breiten wandern lassen und sie dabei zusammengefügt.

ntwickelten ■ Kontinentalsockel

5 Vor 255 Mio. Jahren

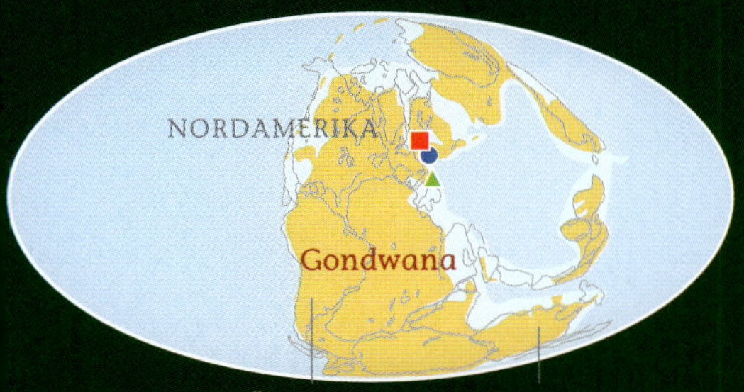

7 Vor 50 Mio. Jahren

6 Vor 195 Mio. Jahren

8 Vor 14 Mio. Jahren

Quelle: Paläontologische Gesellschaft, Mitarbeit: ... Prof. Reinhold Leinfelder, ...

PALÄONTOLOGISCHE GESELLSCHAFT

Die ersten Deutschen

Sie kamen aus Afrika – und der kalte Norden wurde für sie zur großen Herausforderung. Um hier zu überleben, mussten unsere Vorfahren erfindungsreich und mutig sein. Als Handwerker schufen sie immer bessere Faustkeile, als Großwildjäger stellten sie Waldelefanten und Waldnashörnern nach. Forscher fanden Orte, an denen die Steinzeitler ihre Beute zerlegten und konservierten. Jetzt versuchen Prähistoriker, die Ritualwelt der Frühmenschen zu enträtseln.

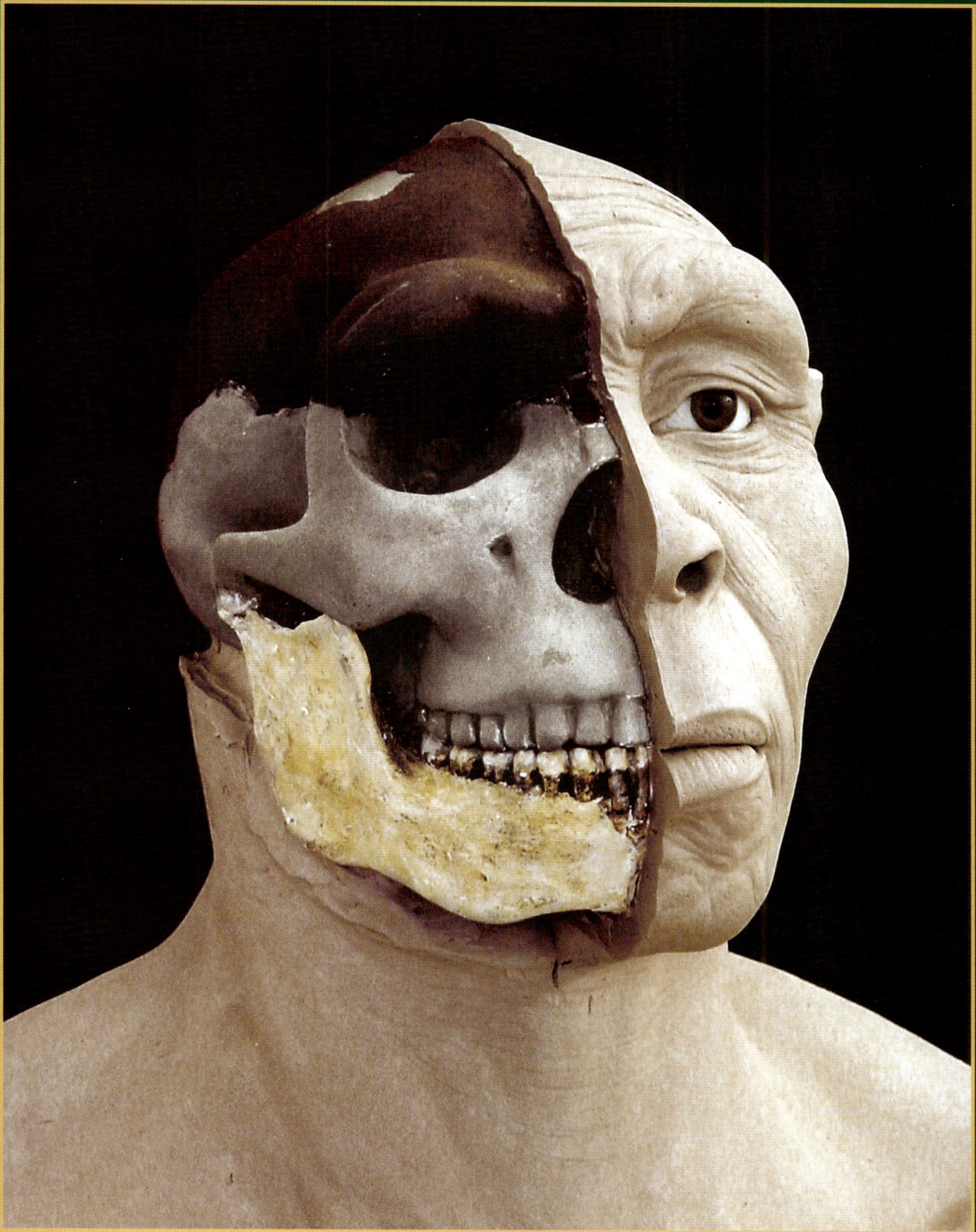

HOMO HEIDELBERGENSIS, HIER EINE REKONSTRUKTION,
LEBTE VOR 600 000 JAHREN
IN DER NÄHE DES ORTES MAUER BEI HEIDELBERG.

Speere gegen schnelle Rösser

Höhepunkt einer sorgsam geplanten Aktion: Eine Herde Wildpferde gerät in den Hinterhalt einer Gruppe urzeitlicher Menschen. Funde belegen, dass sich solch eine Szene vor 400 000 Jahren bei Schöningen am Nordrand des Harzes abgespielt hat. Weil die Jäger damals unentwegt die Natur beobachteten, kannten sie jede noch so kleine Gewohnheit der Tiere. Dieses Wissen nutzten sie aus, um an die heiß begehrten Fleischmahlzeiten zu kommen und sich üppige Vorräte anzulegen.

Nichts war von ihnen zu erahnen. Geduckt und regungslos kauerten sie im hohen Steppengras. Ein ganzer Trupp von Jägern versteckte sich dort. Die Menschenreihe zog sich parallel zum Ufer des nahen Sees, etwa 20 Meter waren es bis zum Wasser.

Langsam trottete aus der Ferne eine Herde Wildpferde heran. Als die ahnungslosen Rosse auf ihrem Weg zur Tränke endlich bei den Männern ankamen, sprang einer aus der Deckung und schrie. Panik brach aus unter den Vierbeinern. Blitzschnell tauchten die anderen Kerle auf, schleuderten ihre Waffen. Die Beute war reichlich: Dutzende Huftiere brachen zusammen, nur wenigen gelang es davonzupreschen.

„Vor 400 000 Jahren hat sich das hier abgespielt, an dieser Stelle war damals ein Seeufer", sagt Hartmut Thieme. Der Mann steht am Rande eines riesigen Kraters nahe dem Städtchen Schöningen bei Helmstedt und malt mit ausladenden Handbewegungen die Jagdszene von einst in die Luft – so wie er sie sich vorstellt. 120 Meter geht es nebenan in die Tiefe, einen Kilometer breit und sechs Kilometer lang ist die Kuhle; am Hang gegenüber nagt ein monströser Schaufelbagger Braunkohle.

DETAILARBEIT
Ein Mitarbeiter kratzt Steine und Erde von einem neu gefundenen Pferdeschädel. Skelettteile von mehr als 20 Rössern hat das Team um den Archäologen Hartmut Thieme bereits geborgen.

An der Abbruchkante des Tagebaus haben der Archäologe vom Niedersächsischen Landesamt für Denkmalpflege in Hannover und sein Team Plastikzelte aufgeschlagen und graben die Zeugnisse des damaligen Dramas aus dem Erdreich. Gerade legen sie Teile eines neuen Pferdeschädels frei.

Seit Herbst '94 buddeln die Forscher an dieser Stelle, mit sensationeller Ausbeute: Die Skelettreste von mehr als 20 Pferden haben sie bisher geborgen: Hengste, Stuten und Fohlen. „Die Tiere wurden auch hier zerlegt", sagt Thieme, „in einer Schlachtzone von gut 50 Meter Länge und etwa zehn Meter Breite."

FUNDSTÄTTE VON WELTRANG
Am Rande des Braunkohletagebaus beim niedersächsischen Städtchen Schöningen graben Wissenschaftler die Überreste einer Pferdejagd von vor 400 000 Jahren aus.

Der Mann aus Hannover ist einer von einer Gruppe Frühzeit-Fahnder, die herausbekommen wollen, wer die Ureinwohner unseres Landes waren. Sie wollten ermitteln, wie alles anfing mit den Zweibeinern zwischen Alpen und Nordsee. Wann gab es hier die ersten Menschen? Woher kamen sie? Und wie lebten die ersten „Deutschen"? Die Spurensuche ist mühsam. So sammeln die Archäologen und Prähistoriker jeden noch so kleinen Hinweis, dessen sie habhaft werden können, graben nach Hinterlassenschaften der längst verblichenen Wesen, analysieren jede Versteinerung, jedes Knöchelchen. Und bestimmen aus win-

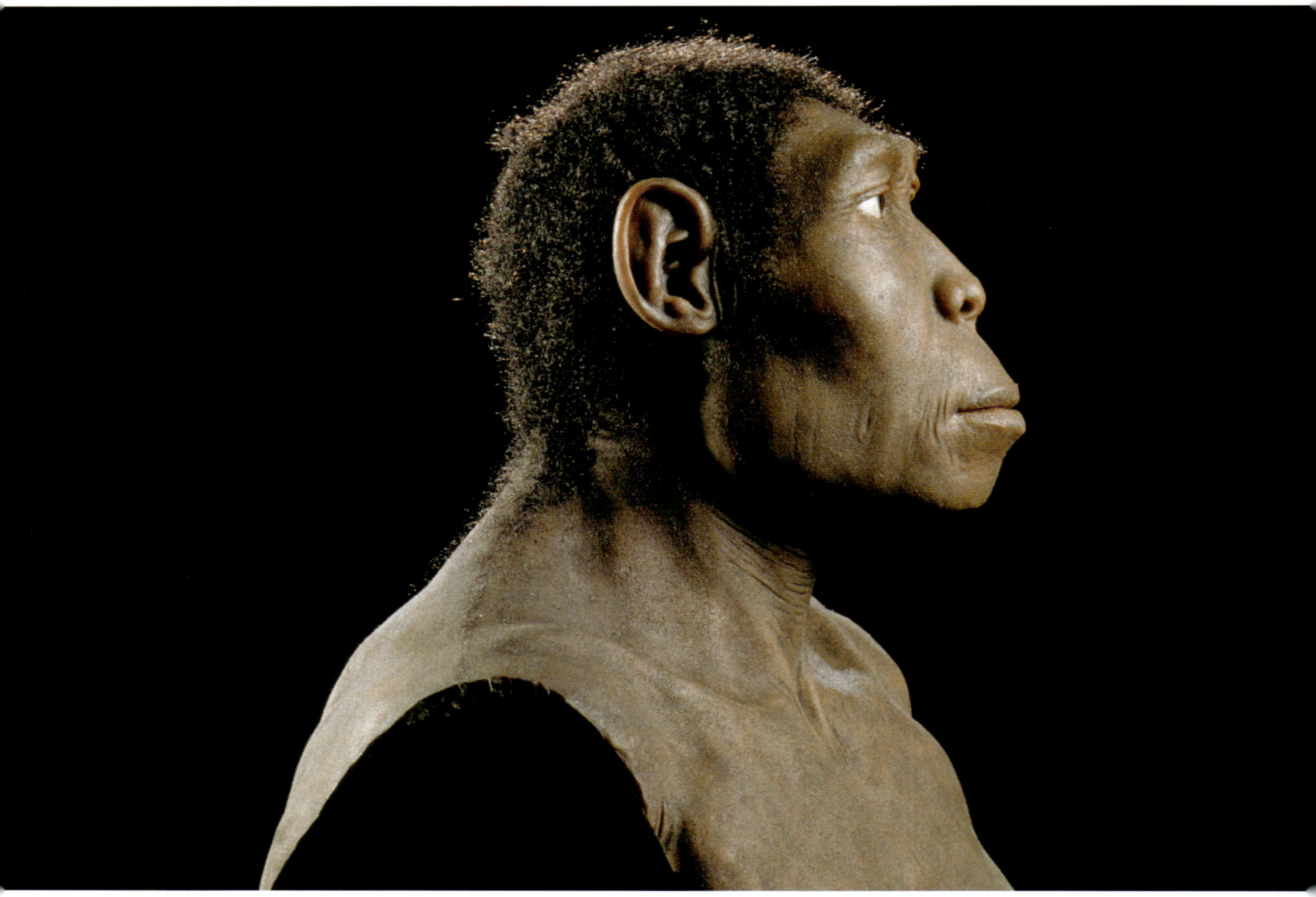

ERFOLGSMODELL DER EVOLUTION
Büste des afrikanischen Homo erectus, der nach Nordeuropa auswanderte. Grundlage der Rekonstruktion waren Knochenfunde vom Urmenschen auf dem südlichen Kontinent.

zigen fossilen Blütenpollen im Untergrund, welche Gewächse wucherten und welches Klima herrschte. Noch ist vieles rätselhaft, doch inzwischen ist es den Fossil-Detektiven gelungen, einiges Licht ins Dunkel unserer Vergangenheit zu bringen.

Der erste Mensch im Land, so die Erkenntnis der Forscher, war eine späte Form von Homo erectus. Er kam vor etwa einer Million Jahren, vielleicht sogar noch etwas früher, aus Afrika. Dort, auf dem warmen Kontinent, stand die Wiege der Menschheit, hatte sich lange zuvor in der Dämmerstunde der menschlichen Entstehungsgeschichte ein Zwitterwesen aus dem Affenreich gelöst, aus dem die Hominiden hervorgingen. Ein später Abkömmling dieser Sippschaft war Homo erectus – ein Erfolgsmodell der Evolution.

Der „aufgerichtete Mensch" verließ die Savanne und zog nach Norden, vermutlich auf der Suche nach neuen Nahrungsquellen. Zunächst betrat er Asien, dann schwenkte er nach Westen. Funde von Überresten des Zweibeiners belegen diesen Weg. Gewiss war es kein Konvoi, der hier einmarschierte; Generation für Generation hat sich der Lebensraum jeweils nur um ein paar Kilometer weiter verschoben. Wahrscheinlich zogen die Ureinwohner entlang der großen Flüsse und siedelten zunächst auch dort, da waren die Lebensbedingungen besser und das Klima milder als anderswo im oft so kühlen Norden. Das Donautal könnte die Eintrittspforte in unser Land gewesen sein. So jedenfalls malen es sich Anthropologen aus.

Das Wesen, das da um die Alpen bog, war von schlanker, muskelbepackter Gestalt, bis zu 1,80 Meter groß. Seine Hautfarbe war noch ziemlich dunkel, hellte sich aber langsam auf. Denn eine starke Pigmentierung – nötig, um gegen Afrikas intensive UV-Strahlung gewappnet zu sein – hatte in unseren Breiten große Nachteile. Ein gewisses Maß der kurzwelligen Sonnenstrahlung nämlich muss die Haut durchlassen, damit sich dort das lebenswichtige Vitamin D bilden kann.

Auf dem wuchtigen Nacken des flinken Zweibeiners saß ein Kopf mit breitem Unterkiefer, urigen Augenwülsten und einer flachen Stirn; darüber krauste sich das dunkle Haupthaar. Kaum mehr als 800 Kubikzentimeter dürfte das Gehirnvolumen betragen haben, um die 1400 Kubikzentimeter hat das Denkorgan eines modernen Menschen.

Der Immigrant aus Afrika betrat ein Land, in dem Vulkane rotglühendes Gestein und Asche spuckten, etwa in der Eifel. Die Lava und manch ein Blitz, der vom Himmel fuhr, steckten Strauchwerk und Wälder in Brand. Nachts glimmten zudem geheimnisvolle Nordlichter am Firmament.

Zeitweilig war es – obwohl immer wieder sehr kühle Phasen folgten – tropisch warm in der Region. Dann breiteten sich Tundren aus, paddelten in Rhein, Neckar und Werra Herden von Flusspferden. Bei Untermaßfeld in Thüringen haben Paläontologen die Gebeine der Tiere ausgegraben, die vor einer Million Jahren in der Ur-Werra schwammen. Bis zu 40 Prozent mehr als heutige Hippos wogen sie, es waren die größten der Erdgeschichte. In den Steppen und Wäldern des Landes weideten Bisons, Nashörner, Hirsche, Elefanten.

Knochencheck

Vor einer Million Jahren grasten Nashörner im Land. Ein Forscher gleicht Elle und Speiche eines Tieres, die beim thüringischen Untermaßfeld gefunden wurden, mit einer Skelett-Projektion ab.

r. (-)
Vert. lumb. (-)
Pel. (-)
Pat. (-)
Fem. (-)
Pat. (-)
Fem. (-)
Tib. (1)
Tib. (1)
Fib. (-)
Fib. (1)
r (1)
i (1)
Cu (1)
Ca (1)
C1 (-)
2 (1)
(1)
(1)
1)
Tf (-)
Tf (1)
Tt (-)
Tt (1)
Tc (-)
Tc (1)
T1 (-)
T1 (-)
T2 (-)
T2 (1)
T3 (-)
T3 (1)
T4 (-)
T4 (1)
Mt2 (-)
Mt3 (-)
Mt4 (-)
Mt4 (1)
Mt3 (1)
Mt2 (1)
PhI (-)
PhI (-)
PhI (-)
PhI (1)
PhI (1)
PhI (1)
PhII (-)
PhII (-)
PhII (-)
PhII (1)
PhII (1)
PhII (1)
PhIII (-)
PhIII (-)
PhIII (-)
PhIII (1)
PhIII (1)
PhIII (1)

Durchs Unterholz pirschten Löwen, Pumas, Bären, Säbelzahnkatzen und Hyänen.

Prähistoriker sind davon überzeugt, dass unsere Heimat von Urmenschen nur äußerst dünn besiedelt war. Die wenigen Bewohner schweiften als Nomaden umher, futterten als Sammler und Jäger die Schätze der Natur. Nur dürftig sind die Hinterlassenschaften der frühen Vagabunden: einfaches Werkzeug, Stücke aus Stein mit scharfen Kanten – Faustkeile. Über das Universalgerät verfügte Homo erectus bereits in Afrika, er brachte das Know-how zur Herstellung mit. Es gab die behauenen Felsbrocken in vielerlei Variationen, zum Hacken und Schaben, Schneiden und Bohren. So konnten die frühen Hand-Werker Früchte knacken, Tiere töten, sich durch dickes Fell arbeiten und alles schießlich in mundgerechte Portionen zerlegen. Außerdem ließen sich Bäume fällen, Wurzeln ausgraben, Holz und Knochen spalten.

KEINE ANGST VOR GROSSEN TIEREN
Rekonstruktions-Zeichnungen von Höhlenbär, Nashorn und Wisent. Die Tiere lebten hierzulande vor 370 000 Jahren. Aus dieser Zeit wurden Knochen von ihnen bei Bilzingsleben gefunden. Sie waren Jagdbeute der Steinzeit-Menschen.

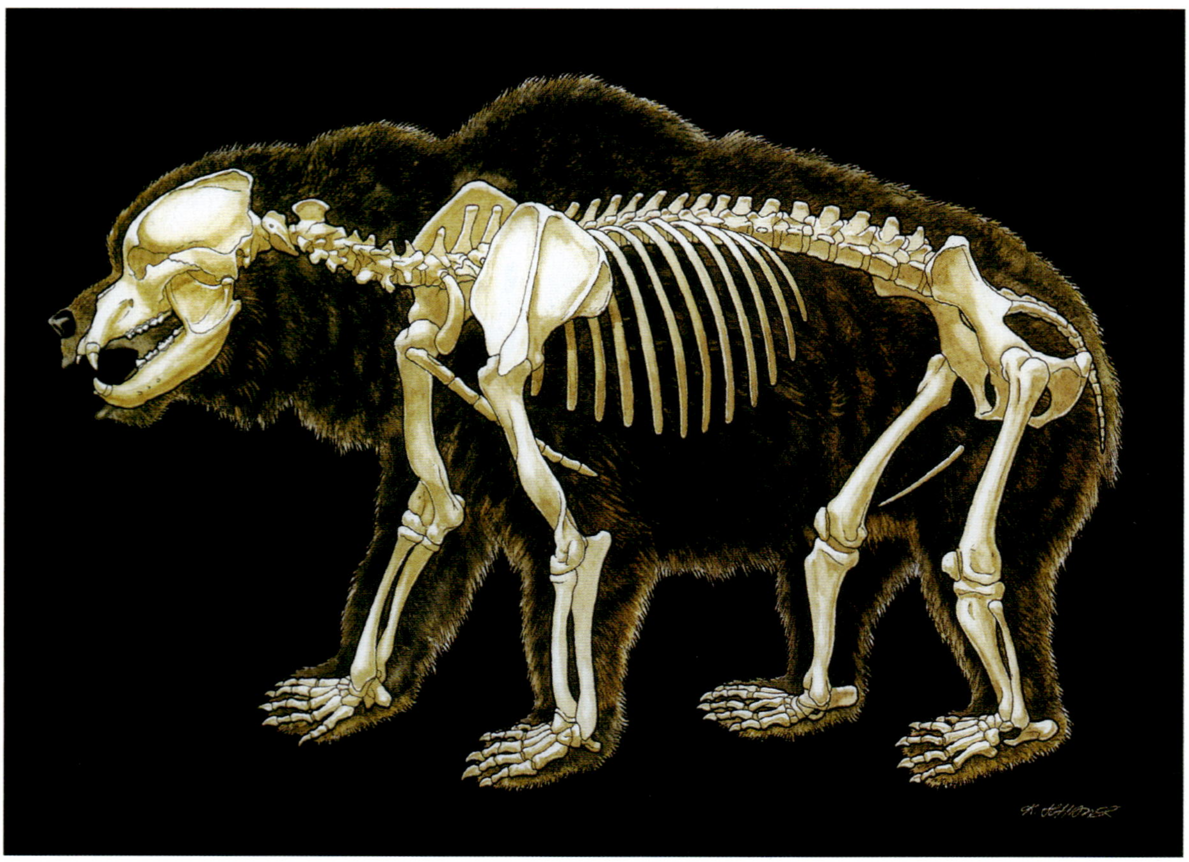

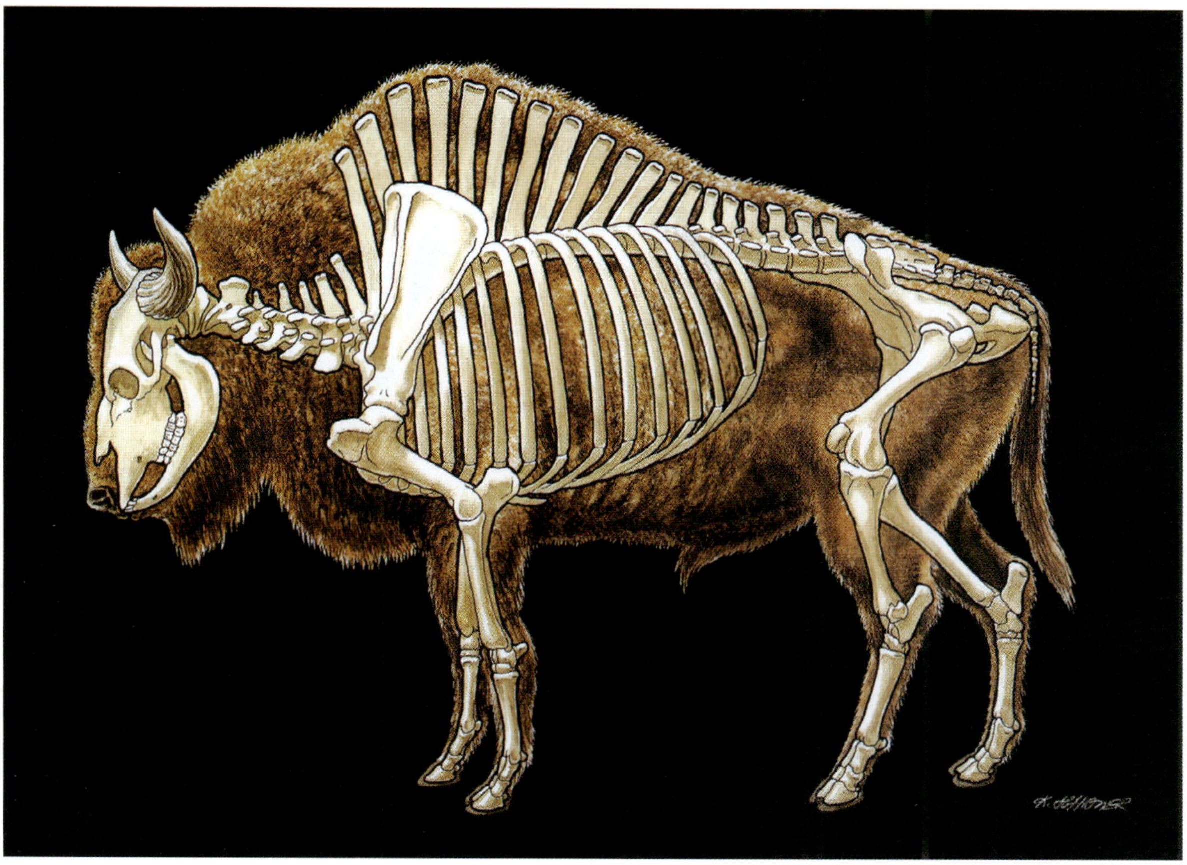

Die vermutlich ältesten Steingeräte im Lande fanden Forscher an Rhein und Mosel – vor einer Million Jahren wurden sie benutzt. Doch die Stücke sind dubios. „Sie werden nicht von allen Kollegen als menschengemacht anerkannt“, sagt Lutz Fiedler, Professor im Vorgeschichtlichen Seminar der Universität Marburg und Faustkeil-Experte, „die Bearbeitung ist nicht wirklich gut erkennbar, es ist grobes Gestein, zudem wurde es im Flussbett abgerollt und gestoßen.“ Die frühesten zweifelsfrei von deutschen Ureinwohnern behauenen Brocken wurden beim Städtchen Dorn-Dürkheim südlich von Mainz entdeckt, allerdings sind sie „nur“ 800 000 Jahre alt.

Der Fachmann sieht in dem, was er und andere Experten aus verschiedenen späteren Epochen fanden, einen deutlichen Trend. „Im Laufe der Jahrhunderttausende wandelte sich das Werkzeug von archaischen Geräten, die nur scharfkantig waren, zu solchen von Bilderbuchformat. Sie lagen immer besser in der Hand“, erklärt Fiedler. Das Motiv fürs Faustkeil-Tuning: Die Jäger wollten so effektiv und schnell wie irgend möglich Erbeutetes schlachten – sonst kamen die Hyänen.

Auch mit dem Feuer wusste der frühe deutsche Erectus umzugehen, selbst wenn Funde hierzulande das bislang nicht bestätigen konnten. Denn Anthropologen sind davon überzeugt, dass es Homo spätestens nach seiner Emigration aus Afrika gelang, nach einem Blitzeinschlag die Flammen zum Brutzeln eines Bratens zu nutzen und sogar, sie eigenhändig zu entfachen. Und warum sollte er ausgerechnet das bei seiner Ankunft im Norden verlernt haben, wo Wärmendes hier überlebenswichtig war?

Wie es die „Geröllheimer“ schafften, je nach Bedarf zu zündeln, darüber können Prähistoriker nur spekulieren. Diverse mögliche „Feuerzeuge“ standen zur Verfügung. „Etwa Pyritbrocken. Wenn man sie als Schlagsteine benutzt, springen glühende Partikel ab, die Zunder zum Glimmen bringen können“, sagt Fiedler. „Auch wenn man Holz intensiv und lange reibt, kann es so heiß werden, dass man damit etwas zum Brennen kriegt.“

Viele Mutmaßungen, wenige Spuren in der Frühzeit. Überbleibsel eines Menschen selbst können Forscher erst für eine spätere Epoche nachweisen. „Heit hawwisch de Adam gefunne“, jubelte am Abend des 21. Oktober 1907 Daniel Hartmann, als er die Schenke „Zur Pfalz“ im Dörfchen Mauer bei Heidelberg betrat, so zumindest weiß es die Überlieferung. Gewiss haben die dort zechenden Kumpane laut gelacht. Mit seiner Schaufel war der Arbeiter beim Abbau von Sand in einer nahen Grube auf ein Fossil gestoßen – und ahnte kaum, wie recht er hatte. Der Fund war eine Sensation.

Es war der Rest eines Menschen, der heute auf ein Alter von etwa 600 000 Jahren datiert wird, das erste Gebein eines „Deutschen“. Ein Unterkiefer mit Zähnen, mehr vom Steinzeitler kam auch nach intensivem Weiterbuddeln nicht zu Tage. Allerdings fanden Forscher dabei anderes: zahlreiche Skelettteile damals lebender Wirbeltiere, von Waldelefant und Elch, Wildschwein, Waldnashorn und Leopard.

HANDFESTES WERKZEUG
Der Faustkeil aus Wallendorf nahe Leipzig ist mindestens 350 000 Jahre alt.

Wissenschaftler, die später den Kiefer und die Zähne inspizierten, stellten fest, dass es sich um einen Mann mit kräftiger Kaumuskulatur und fliehendem Kinn handelte. Im Alter von 20 bis 25 Jahren war er gestorben. Ob er durch Gewalt oder Krankheit aus dem Leben schied, ließ sich nicht ermitteln. Wie auch immer: Mit Gewissheit war jedes Dasein hart und kurz. An den Gelenken des Funds diagnostizierten Experten Arthrose, an den Zähnen Parodontose. Aufgrund der Abnutzung und anderer Spuren an den Kauern konnte gefolgert werden, dass ihr Benutzer ein Gemischtköstler war, der überwiegend Beeren, Nüsse und andere Pflanzen zermalmte.

Anthropologen gaben dem entdeckten Frühmenschen den Namen „Homo erectus heidelbergensis". Einige Forscher weiten diese Bezeichnung heute auf große Teile der gesamten Lebensspanne des Homo erectus aus. Sie nennen nicht nur die ganze europäische Variante so, sondern sogar die späten Vertreter der Spezies in Afrika, von denen einige dann nach Europa kamen.

Wenn auch der Bursche von Mauer ein leidenschaftlicher Körnerfresser war – Fleisch hat eine zunehmende Rolle bei der Ernährung hiesiger Ureinwohner gespielt. Davon jedenfalls gehen die meisten Anthropologen aus. In ihren afrikanischen Ursprüngen waren die Hominiden zunächst Vegetarier, später orientierten sie sich aber um. Tierisches Eiweiß wurde zum Motor für ein sich vergrößerndes und immer raffinierter arbeitendes Denkorgan. Schattenseite der Fleischeslust: Homo erectus dürfte fürchterlich von Bandwürmern geplagt worden sein. Denn die Schmarotzerarten, die den Menschen besiedeln, so zeigen neue Forschungsergebnisse, haben sich offenbar genau zu jener Zeit entwickelt, als unsere Steinzeitler sich ihnen als perfekte Wirte anboten.

Möglicherweise war es sogar die Aussicht auf fette Jagdbeute, die Menschen überhaupt auf ihre Wanderschaft gen Norden trieb und sie verleitete, sich in dieser Gegend niederzulassen. Denn hier gab's wirklich reichlich. Gerade in den kühleren Klimazonen unserer Breiten gediehen die Fleischlieferanten bestens. Wo der Wald schrumpfte, machte er Platz für ausgedehnte offene Weidelandschaften – beste Futterstellen für Herdengetier.

Die Leckerbissen, so glaubten viele Forscher lange Zeit, ergatterten die Urdeutschen, indem sie bei ihren Streifzügen zusammen-

DEUTSCHES UR-GEBEIN
Etwa 600 000 Jahre alt ist dieser Unterkiefer – und damit der älteste bis heute gefundene Knochen eines hiesigen Menschen. Das Schädelstück wurde 1907 bei Mauer am Neckar in einer Sandgrube entdeckt.

Vorfahr aus dem Labor

Mit Hilfe des bei Mauer gefundenen Unterkiefers versuchen die Urgeschichtler Gaëlle und Wilfried Rosendahl, ein möglichst genaues Abbild des kompletten Kopfes von Homo heidelbergensis herzustellen. Moderne Simulationstechniken helfen ihnen dabei.

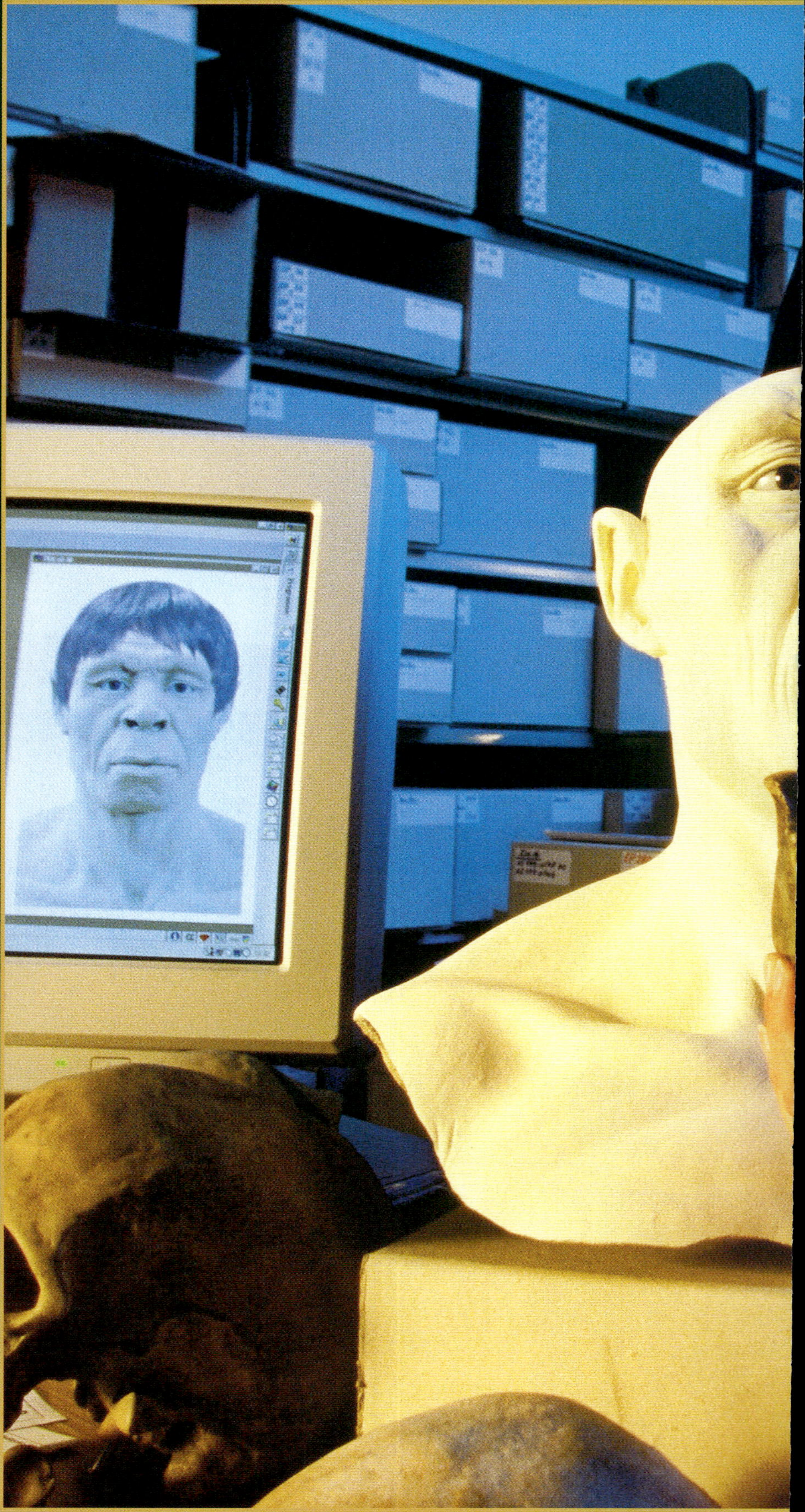

Der Forscher ist davon überzeugt, dass auch die Felle der Tiere Verwendung fanden: als künstliche Haut des Menschen. „Mit Sicherheit wurden sie für Kleidung genutzt und als Hüttenabdeckungen, vielleicht sogar zur Herstellung von Tragebeuteln." Ohne wärmenden Schutz jedenfalls hätte damals kein Mensch auch nur einen Winter überlebt. Denn Erectus war kaum stärker behaart als heutige Zweibeiner; schon während seiner Zeit in Afrika hatten sich bei ihm eine Vielzahl von Schweißdrüsen entwickelt, mit deren Hilfe der Körper nach langem Rennen besser abkühlen konnte. Ein dickes Fell hätte diesen Effekt behindert.

Wenn jedoch nackte Haut länger mit unbehandelten Fellen in Kontakt kommt, entstehen üble Ekzeme. Folglich müsste es dann auch schon eine Art Gerbverfahren gegeben haben. Nutzte unser Vorfahr dazu vielleicht Urin? Oder schon die Rinde von Eichenbäumen?

Ob Kleidung, Behausung oder Fleischkonservierung – das kühle Klima forderte jede Menge neue Überlebensstrategien. Der Mensch stand im Norden vor zahlreichen Herausforderungen, die er nur mit Innovationen meistern konnte. Die Umwelt unserer Breiten war eine enorme Triebfeder, pushte Homo erectus zu geistigen Höchstleistungen.

WAFFENARSENAL
Im Grabungsfeld Schöningen wurden 400 000 Jahre alte Wurfspeere entdeckt (links). Sieben Exemplare hat Archäologe Hartmut Thieme sichergestellt, alle aus Fichte gefertigt und zwischen 1,82 und 2,50 Meter lang.

Auch in der Waffentechnologie. Thieme und seine Helfer entdeckten sogar die Geschosse, die zur Pferdejagd benutzt wurden: sieben gut erhaltene Speere, 1,82 bis 2,50 Meter lang und drei bis fünf Zentimeter dick, gefertigt aus langsam wachsender Fichte. „Es sind die weltweit ältesten bislang gefundenen Holzwaffen der Menschheit“, berichtet der Forscher stolz. Sie funktionierten wie heutige Wettkampfspeere, das haben vor kurzem Wurfexperimente gezeigt. Die Projektile haben den Schwerpunkt im vorderen Drittel, fliegen 60 Meter und weiter. Homo erectus hatte das Töten aus der Ferne erfunden.

„Die Herstellung dieser Speere zeugt von weit vorausschauendem planendem Handeln“, erklärt der Archäologe, „es mussten geeignete Bäume gesucht und die Spitzen völlig symmetrisch aus der harten Basis des Stammes herausgearbeitet werden; das erforderte schon eine große Cleverness.“

Offenbar gab es darüber hinaus bei den Urmenschen auch schon frühe Formen des Glaubens. „Weshalb sonst ließen sie die Waffen bei den Pferderesten zurück?“, fragt der Experte aus Hannover und beantwortet seine Frage gleich selbst: „Das kann nur mit einem Jagdritual erklärt werden, einer Art Opfer, um den Geist der Pferde zu beschwichtigen.“

Spätestens nach den Funden von Schöningen ist Thieme davon überzeugt, dass bislang viele seiner Kollegen die Menschen von damals enorm unterschätzt haben, wenn sie die Ureinwohner als primitive stumme Wilde ansahen. „Es waren keine tumben Toren, die nur ihrem Instinkt folgten und sich mit Aas begnügten“, sagt der Ahnenforscher. „Um eine Großwildjagd zu organisieren, muss man komplex denken. Wer glaubt, dass das mit Grunzlauten und Armfuchteln möglich war, der irrt! Eine subtile Kommunikation war nötig, mit Sicherheit gab es bereits eine Form von Sprache.“

Zumal sich die Menschen von einst bei ihren Streifzügen, die sie bis zu zehn Kilometer weit von ihrem Lager wegführten, an noch weitaus größere Tiere als Pferde herantrauten, etwa an Waldelefanten oder Waldnashörner, wie Ausgrabungen belegen. Nicht nur eine gute Verständigung, sondern obendrein eine große Portion Mut dürfte da vonnöten gewesen sein. Denn angriffslustig und mächtig waren die Biester, ein Nashorn war bewaffnet mit zwei wuchtigen spitzen Hörnern auf dem Schädel.

Gewiss haben die Jäger es ausgenutzt, dass die großen Tiere nicht flohen, weil ihnen der Gegner zu mickrig erschien. Wie sie jedoch solche gefährlichen Kolosse genau zur Strecke brachten, ist ungewiss. Wahrscheinlich werden neben den Speeren auch Keulen und Lanzen zum Einsatz gekommen sein, aber auch Gifte, Fallgruben und Feuer könnten geholfen haben. Homo erectus wurde in der Kunst des Tötens immer geschickter.

Tiefe Einblicke in die Welt jener Zeit liefern neben den spektakulären Funden von Schöningen die von Bilzingsleben. Dort, im nördlichen Thüringen bei Erfurt, grub in einem Kalksteinbruch der Urgeschichtler Dietrich Mania, Professor an der Universität Jena, zusammen mit einem internationalen Forscherteam bis zum Jahre 2002 eine 370 000 Jahre alte Siedlung aus. Ein Platz mit diversen Lebens- und Arbeitszonen, Tausenden Werkzeugen und tonnenweise Knochen. Außerdem kamen 29 menschliche Schädelstücke sowie ein Unterkieferteil und acht einzelne Zähne zu Tage. „Als wir ein großes Stirnbeinfragment in Händen hielten, beschlich uns das Gefühl, wir würden dem Urmenschen in die Augen blicken", erzählt Dietrich Mania. Die Überreste, allesamt zum Typus Homo erectus gehörig, stammten von drei oder sogar vier Personen. Der Mensch besaß zu dieser Zeit bereits ein über 1000 Kubikzentimeter großes Gehirn.

FINDERLOHN
Professor Dietrich Mania präsentiert das in Bilzingsleben ausgegrabene menschliche Unterkieferfragment. Unten das Original, darüber eine Nachbildung, vervollständigt zu einem Kieferast.

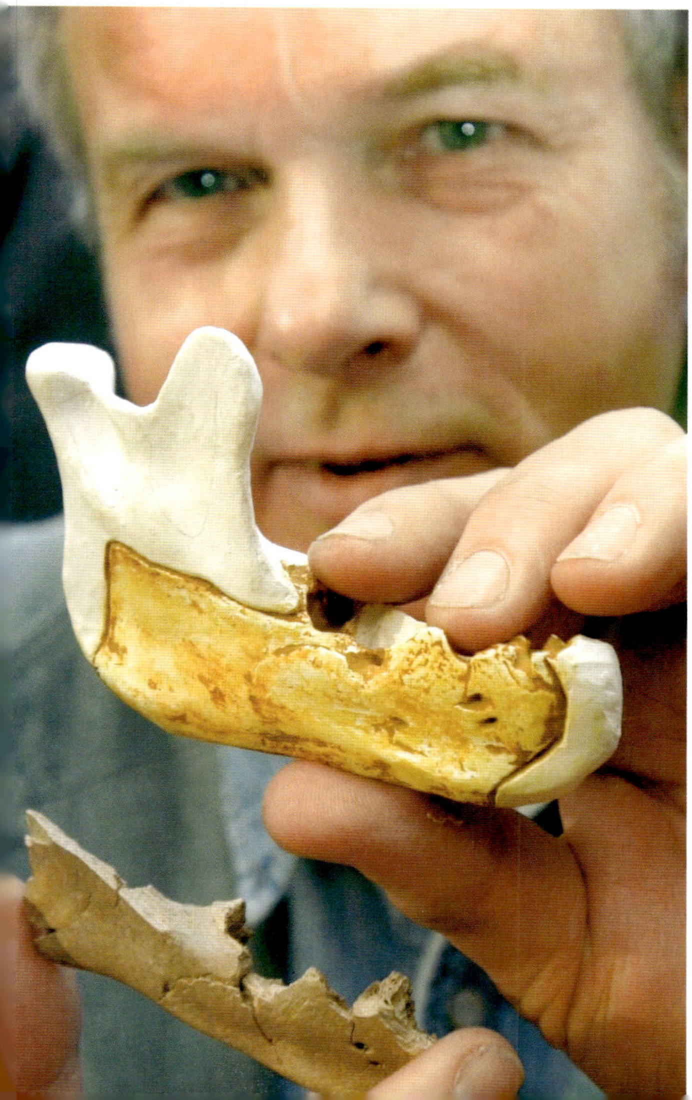

KULTSTÄTTE
Rätselhaft ist dieses Areal der Siedlung, die bei Bilzingsleben entdeckt wurde. Der Platz von neun Metern Durchmesser ist mit Steinen und Knochenfragmenten gepflastert. Kleine Fähnchen bezeichnen Wichtiges: „1" Amboss, „3" Schädelfragment. Offenbar war hier ein Ritualplatz. Doch welche Zeremonien fanden statt?

Idyllisch haben wohl insgesamt 20 bis 25 Männer, Frauen und Kinder jahrelang dort gehaust, auf einer kleinen Halbinsel am Ufer eines Sees. „Vermutlich standen hier drei Hütten", sagt Mania, „vielleicht waren die Wände aus Ästen und Zweigen geflochten." Der Mann hat die Grundrisse ausgegraben – Ringe aus großen Steinen und Knochen, drei bis vier Meter im Durchmesser. Davor gab es Feuerstellen und „Kochsteine". Die Hitzespuren an diesen Geröllen, glaubt der Professor, könnten daher stammen, dass sie einst im Feuer aufgeheizt und dann dazu benutzt wurden, Nahrung zu dünsten.

Der Forscher und sein Team konnten in der Bilzingslebener Siedlung eine ganze Reihe unterschiedlicher Zonen ausmachen: Areale, in denen jede Menge Werkzeuge hergestellt wurden, außerdem einen Schlachtplatz, auf dem erbeutete Tiere zerlegt wurden, und eine Abfallzone, in der unverwertbare Reste landeten. Anhand der vielen Tierknochen gelang es Mania sogar, den Speiseplan der Mini-Dörfler auszukundschaften. 80 Prozent der Jagdbeute waren Großwild und mittelgroße Tiere. „Am meisten hat die Menschengruppe Wald- und Steppennashörner sowie Hirsche erlegt, sehr viel auch Wildrinder, Wildpferde und Bären." Beim Niederwild waren Biber die beliebtesten Leckerbissen.

Doch mit Sicherheit haben sich die frühen Menschen von Bilzingsleben nicht nur von Fleisch und Fett ernährt", sinniert der Urgeschichtler. „Zwar fanden wir im Lager nur ein paar Schalenstücke von großen Flussmuscheln und Vogeleiern sowie Kalzitausfüllungen von Kirschkernen, doch ist anzunehmen, dass die Menschen vielerlei Pflanzenprodukte zu sammeln und zu nutzen wussten. Sicherlich ernteten sie Nüsse, Eicheln, Beeren, Pilze und junge Sprosse."

Und dann entdeckten die Ausgräber in der Urzeit-Siedlung noch etwas Rätselhaftes: einen fast runden freien Platz, gut neun Meter im Durchmesser, mit Steinen und Knochenfragmenten gepflastert. Mittendrin ein Block aus Quarzit, der offenbar als Amboss benutzt wurde. „Möglicherweise hatte der eine besondere Bedeutung", sagt Mania, „er steckte zwischen den Hornenden eines in das Pflaster eingelassenen Wisentschädels." In der Nähe dieses Blocks holten er und seine Mitarbeiter die menschlichen Schädelteile aus dem Erdreich.

Was passierte hier? Fand an dieser Stelle eine Zeremonie statt? War das ein Ritualplatz? Wurden hier die Köpfe von Verstorbenen geöffnet und zertrümmert? Trieb Homo erectus bilzingslebenensis einen postmortalen Schädelkult?

Die Forscher können nur spekulieren. Aber was immer sich auf dem Pflaster ereignet haben mag – dem Frühmenschen ging es offenbar um weitaus mehr, als nur den Steinzeit-Alltag zu bewältigen. Mania: „Möglicherweise handelt es sich hier um den frühesten Nachweis von ideellen Handlungen in der menschlichen kulturellen Evolution."

Die Neandertaler

Sie waren von stämmiger Statur, kraftvoll und widerstandsfähig. Bestens angepasst an die eisige Kälte, die hierzulande häufig den Großteil des Jahres über herrschte. Lange als Steinzeit-Rambo diskriminiert, charakterisieren heutige Forscher unsere robusten Vettern als fürsorgliche Sozialwesen. Sie pflegten Kranke und bestatteten ihre Toten. Warum die Erfolgreichen nach mehreren Hunderttausend Jahren urplötzlich aus Europa verschwanden, bleibt ein großes Rätsel.

HOMO NEANDERTHALENSIS (NACHBILDUNG AUS DEM NEANDERTHAL MUSEUM) BEIM ZERLEGEN VON BEUTE

Das Leben der Steinzeit-Jäger

Sie wohnten meist in zeltähnlichen Bauten, die sie im Freiland errichteten. Höhlen nutzten die Neandertaler bestenfalls vorübergehend, vor allem, um dort Tote zu bestatten. Ob dabei Riten abgehalten und Grabgeschenke, etwa Ketten mit Muscheln und Tierzähnen, beigelegt wurden, konnten Forscher bisher nicht herausfinden.

Der Mann im Labor zieht einen weißen Kittel über. Dann öffnet er einen Wandschrank, holt ein Glasröhrchen heraus und hält es in die Höhe, gegen das Fensterlicht. Ein unscheinbarer brauner Bodenbelag ist zu sehen, wie ein Rest Kaffeesatz sieht er aus. „Pulverisierter Knochen des Neandertalers", sagt Michael Richards stolz, „40 000 Jahre alt."

Anfang 2005 hat der Professor die Probe aus Bonn bekommen. Dort, in einem Tresor des Rheinischen Landesmuseums, lagern die Skelettreste des Knochenspenders. Mit einem kleinen Bohrer wurden vorsichtig 40 Milligramm Masse aus dem betagten Gebein herausgelöst und dann zu Richards ins Max-Planck-Institut für evolutionäre Anthropologie nach Leipzig geschickt.

Der Forscher gießt Salzsäure auf das Pulver, isoliert so das Kollagen aus der Substanz. Dann bestimmt er mit Hilfe eines Massenspektrometers das Verhältnis der beiden Elemente Kohlenstoff und Stickstoff. Zu guter Letzt vergleicht er diesen Wert mit dem entsprechenden Gehalt von Tierknochen, die am gleichen Ort entdeckt wurden. Auf diese Weise lässt sich die durchschnittliche Proteinaufnahme ermitteln und herausfinden, wovon sich der Mensch damals ernährt hat. Ergebnis: „Er aß überwiegend Fleisch", berichtet Richards, „wie ein Wolf."

Modernste High-Tech-Untersuchungen an einem uralten Knochen: Immer raffinierter werden die Verfahren der Wissenschaftler, und so gelingt es ihnen, einem viele Jahrtausende im Boden schlummernden Fossil noch manches Geheimnis zu entlocken, einen stummen Vorfahren zum Sprechen zu bringen – den wohl berühmtesten der Welt. Vor 150 Jahren wurden seine Reste in einem Kalksteinbruch im Neandertal bei Mettmann entdeckt und sorgten jahrelang für viel Verwirrung und Furore, war es doch der allererste Urmensch, der auftauchte. Nie zuvor hatten Gelehrte so etwas gesehen, und Darwins Evolutionstheorie war noch gar nicht veröffentlicht.

Heute wissen Anthropologen, dass es sich bei dem Wesen, das nach seinem Fundort „Neandertaler" genannt wurde, um den Nachfahren des aus Afrika stammenden „Homo erectus" handelt. Und

DETEKTIVARBEIT
Michael Richards vom Max-Planck-Institut für evolutionäre Anthropologie in Leipzig bestimmt die Zusammensetzung von Knochenpulver (links) des Neandertalers. So enträtselt er dessen Ernährungsgewohnheiten.

längst haben sich zu dem Gebein andere, weitaus ältere Funde gesellt, zahlreiche Knochen verwandter Individuen wurden aus dem Erdreich gebuddelt.

Der neue Menschentypus kam nicht über Nacht ins Land. Er hat sich langsam in unseren Breiten entwickelt, aus den Einwanderern von einst. Im Laufe von mehreren Hunderttausend Jahren veränderten sie ihre Anatomie. Sichtbar wurde das erstmals bei etwa 300 000 Jahre alten Skeletten. Vor 130 000 Jahren dann zeigten sich die Änderungen so deutlich, dass Wissenschaftler von einem neuen Menschen sprechen – dem „klassischen Neandertaler“. Sein Verbreitungsgebiet reicht weit über Deutschland hinaus: Er lebte in ganz Europa und bis zum heutigen Usbekistan in Zentralasien – aber nirgendwo sonst auf der Welt.

GEISTREICHES WESEN
Die Nachbildung eines „Präneandertalers" im Landesmuseum für Vorgeschichte in Halle. Der Vorläufer des klassischen Neandertalers lebte vor 200 000 Jahren. Gestaltet wurde die Wachsfigur bedeutungsvoll in der Pose von „Der Denker", einer bekannten Skulptur des französischen Künstlers Auguste Rodin.

Der Neue hatte einen gedrungeneren Körper als Homo erectus. Er wurde nur 1,55 bis 1,65 Meter groß, war ein kraftstrotzendes Wesen mit robustem Knochenbau, breiter Brust und relativ kurzen Armen und Beinen. Der Schädel hatte eine lange und flache Form, große Augenhöhlen, einen ausgeprägten Kiefer und eine auffällig mächtige Nase.

Diese Anatomie war eine Folge der Lebensweise, die sich über lange Zeiten eingespielt hatte – vor allem aber der Umweltverhältnisse, unter denen sich die Menschen in unseren Breiten hatten bewähren müssen. So bildeten sich die kräftigen Muskeln und Knochen durch unermüdlichen Körpereinsatz. Auch der Kieferbau ist das Resultat der starken Belastung des Kauapparates. Wissenschaftler gehen davon aus, dass „Homo neanderthalensis" seine Frontzähne nicht nur zum Nahrungszerkleinern nutzte, sondern auch, um Leder weich zu kauen oder sogar Dinge festzuhalten. Sie waren eine Art „dritte Hand". Die Beanspruchung des Gebisses ließ manch einen Zahn absplittern und hatte schnell mal eine Kieferentzündung zur Folge. Spuren an Skeletten zeigen das deutlich.

Hauptsächlich war es die Kälte, an die sich jener Menschentypus inzwischen optimal angepasst hatte. So war das kurze kompakte Format optimal für ein kühles Klima: Eine möglichst kleine Oberfläche minimiert die Abgabe von Körperwärme. Ebenso hatte die breite Nase den großen Vorteil, dass bei niedrigen Temperaturen die Luft darin gut angewärmt werden konnte, bevor sie tiefer eingeatmet wurde. Mit dieser Ausstattung waren die Zweibeiner in der Lage, selbst während sehr kalter Phasen im Lande auszuharren. Ihre Vorfahren, so vermuten viele Forscher, zogen sich bei längerfristigen Temperaturstürzen immer wieder aus unseren Breiten zurück.

Weltberühmte Knochen

Die Teile des Neandertalers, die im Jahre 1856 im Tal der Düssel entdeckt wurden, und noch ein paar weitere, die inzwischen dort zum Vorschein kamen, werden heute sicher im Tresorraum des Rheinischen Landesmuseums in Bonn verwahrt – und immer wieder in Ausstellungen einem interessierten Publikum präsentiert. Hier beugt sich ein Besucher über die Glasvitrine, in der die Knochen liegen.

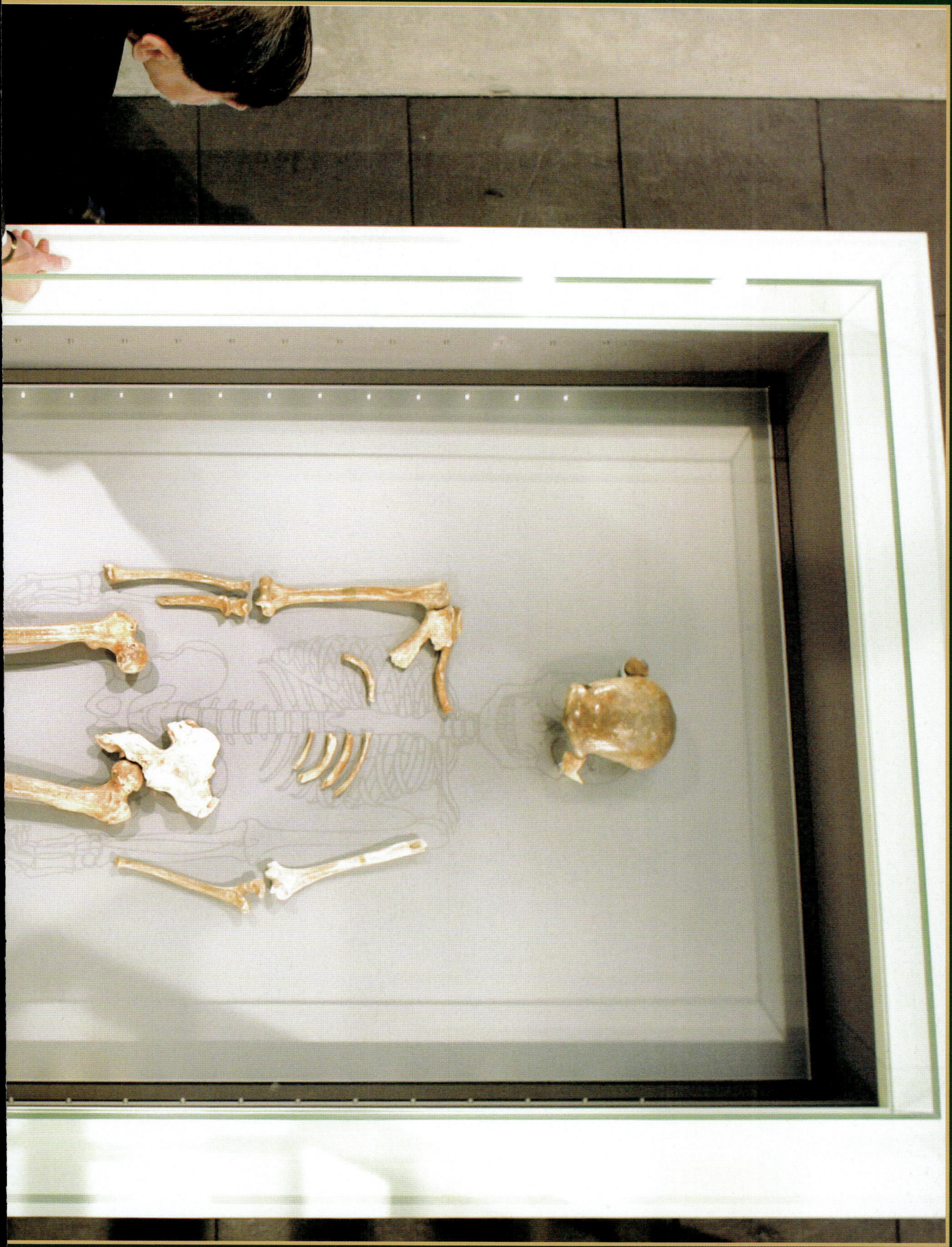

Eiszeiten

Immer wieder fielen in Nordeuropa die Temperaturen. Gewaltige Gletscher schoben sich ins Land, der Meeresspiegel sank beträchtlich.

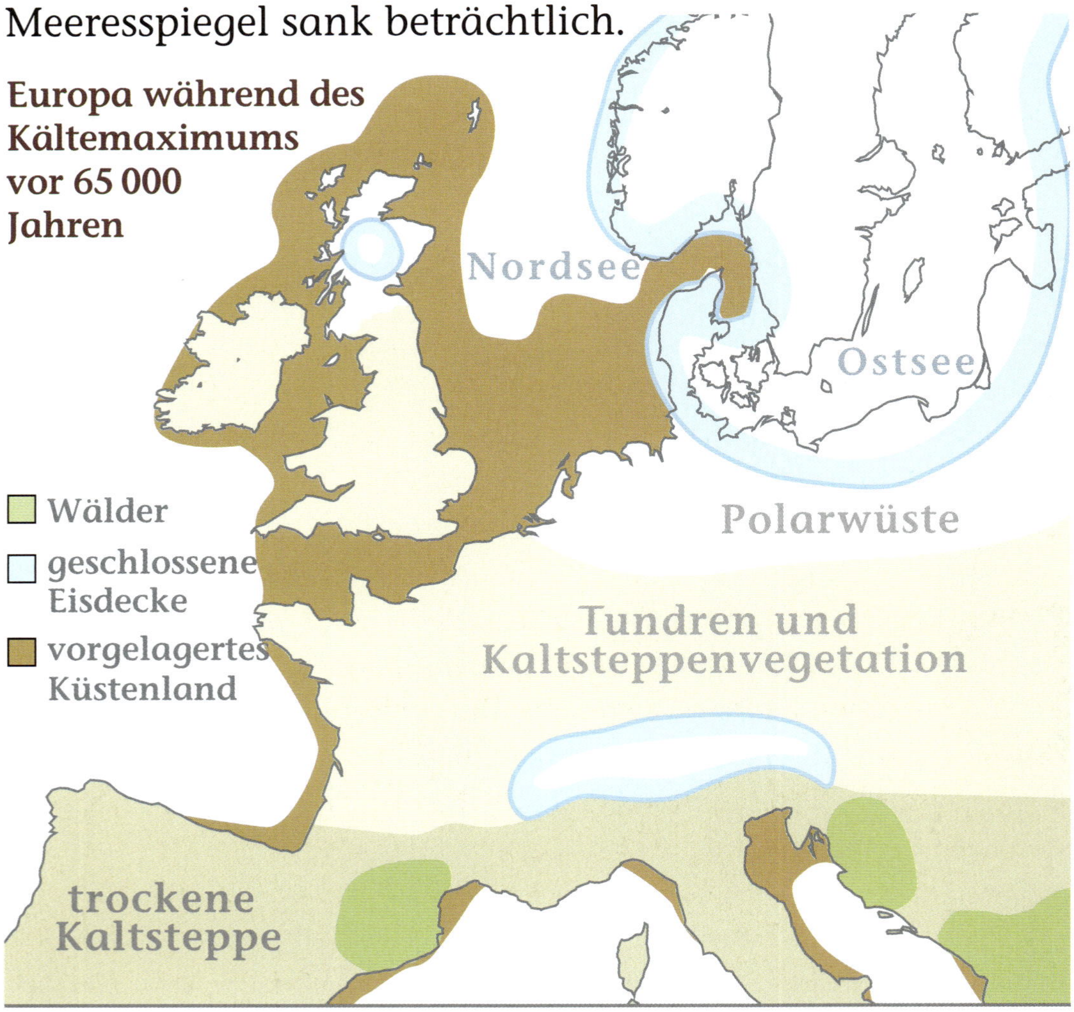

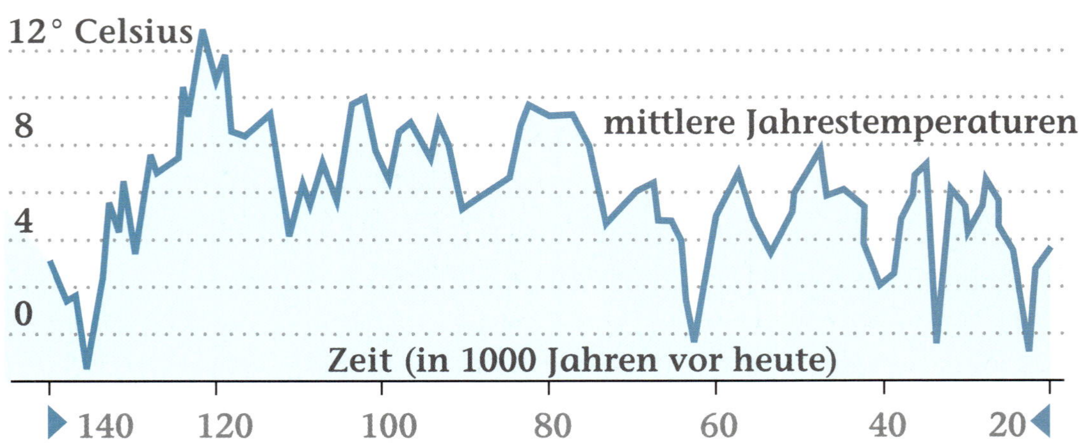

Quelle: „Die Neandertaler" von B. Auffermann und J. Orschiedt, Geo

Zwar wechselte auch zur Zeit des Neandertalers das Klima einige Male zwischen Warm- und Kaltzeiten, doch die ungemütlichen Perioden dauerten deutlich länger als die angenehmen. „Es bauten sich mächtige, mehrere hundert Meter dicke Eisschilde auf; die Gletscher reichten von Skandinavien bis weit in die norddeutsche Tiefebene und von den Alpen bis ins nördliche Vorland", sagt Bärbel Auffermann, Archäologin und stellvertretende Direktorin des Neanderthal Museums in Mettmann. „In einem der Kältemaxima, vor etwa 65 000 Jahren, betrug die mittlere Temperatur selbst im Juli weniger als fünf Grad Celsius, im Januar sank sie weit unter minus 20 Grad." Das halbe Jahr über lag Schnee. In den Gletschermassen war dermaßen viel Meerwasser gebunden, dass der Spiegel der Nordsee um bis zu 100 Meter absackte. Der Ärmelkanal trocknete aus, England gehörte zum Festland. Unter diesen arktischen Bedingungen bildeten sich weite Steppen und Gras-Tundren, lebten hierzulande Mammut und Wollnashorn, Wisent und Moschusochse, Ren und Riesenhirsch, Höhlenbär und Höhlenlöwe, Wolf und Höhlenhyäne.

Dann gedieh nur spärlichstes Gewächs. Samen, Früchte und Kräuter, die die Menschen sonst gern sammelten und knabberten, verschwanden vom Speiseplan. Es musste gejagt werden. Über den Lagerfeuern brutzelten deftige Braten, wie Richards' Knochenanalyse eindrucksvoll zeigt. Immerhin gab es genügend Wild, um eine energiehungrige Muskulatur zu versorgen.

Die tierischen Proteine ließen nicht nur die Bizepse schwellen, sondern auch das Gehirn. Auf imposante 1700 Kubikzentimeter wuchs das Denkorgan des Neandertalers und war damit größer als unser heutiges Hirn mit seinen rund 1400 Kubikzentimetern. Homo neanderthalensis – ein dümmliches Wesen mit schlurfendem Gang und affenähnlicher Mimik, wie ihn frühe Forscher gern einstuften? Mitnichten! Wahrscheinlich hatte er bereits eine differenzierte Sprache. Ein fossiles Zungenbein aus damaliger Zeit jedenfalls legt diese Vermutung nahe: Das Knöchelchen nahe dem Kehlkopf ist für die Artikulationsfähigkeit des Menschen von zentraler Bedeutung.

So war er ein Meister darin, sich die Leckerbissen aus der Natur zu besorgen. Diverse Funde zeugen von respektablen Beutetieren. Da kamen in einem Braunkohletagebau bei Neumark-Nord in Sachsen-Anhalt die Skelette eines Auerochsen und eines Steppennashorns zu Tage. Der massige Bulle und der Koloss mit den spitzen Hörnern

Übermacht

Fleisch stand ganz oben auf dem Speiseplan der Neandertaler. Sie waren wagemutige Jäger, die selbst vor einem mächtigen Mammut nicht zurückschreckten, auch wenn nur Speere ihre Waffen waren. Tauchte jedoch unversehens eine ganze Herde der Kolosse auf, konnte die Lage prekär werden. Die erhaltenen Skelette der Eiszeitler zeugen von häufigen Jagdverletzungen.

URZEIT-KLEBER

Ein kleines Stück Birkenpech, gefunden bei Königsaue in Sachsen-Anhalt. Damit wurde ein Steinmesser in einem hölzernen Schaft fixiert. Sogar der Fingerabdruck eines Neandertalers (Querlinien links) ist auf dem Kitt erhalten

auf dem Schädel waren vor 200 000 Jahren von Menschen getötet und zerlegt worden, wie Kerben an den Knochen und liegen gebliebenes Steinwerkzeug zeigen. Bei Gröbern, ebenfalls in Sachsen-Anhalt, entdeckten Archäologen einen geschlachteten Elefanten. Das Tier starb vor 125 000 Jahren in einer Warmphase; die Werkzeuge für die Zerlegung der Fleischmassen blieben am Ort zurück. Auch in Lehringen nordwestlich von Hannover fand man aus derselben Zeit ein Waldelefantenskelett – mit einer Lanze zwischen den Rippen. Offenbar war die Waffe dem vier Meter hohen Opfer aus großer Nähe in den Leib gerammt worden. 2,40 Meter lang war der Stab aus Eibenholz, heute ist er in mehrere Teile zerbrochen. Wenn der Magen knurrte, machten die Jäger selbst um gefährliche Raubtiere keinen Bogen. Spuren an den Resten eines Höhlenlöwen, die bei Siegsdorf in Südbayern ausgegraben wurden, beweisen, dass er von Menschen ausgeweidet wurde.

Der Neandertaler perfektionierte die Jagd – durch eine neue Waffentechnologie. Es gelang ihm, nicht nur immer besseres Arbeitsgerät, sondern sogar dünne, blattförmige Gebilde aus Stein herzustellen: Spitzen für Speere. Auch organischen Rohstoff nutzte er, um daraus die Köpfe für seine Geschoss-Innovation zu fertigen. So kam in Salzgitter-Lebenstedt eine kleine, geflügelte Knochenspitze ans Licht; vermutlich war sie auf einem Jagdspeer befestigt. Sie lag neben zahlreichen, zirka 50 000 Jahre alten Skelettteilen. Diese stammten vor allem von Mammuts und von mindestens 86 Rentieren, die hier geschlachtet worden waren. Die Ausgräber fanden angespitzte Mammutrippen und -wadenbeine. Die langen, kompakten Knochen waren zum Teil gespalten, geschliffen und poliert – weiteres Gebein-Gerät. Wozu sie benutzt wurden, ist noch unbekannt.

Ob aus Knochen oder Stein – die neuen Spitzen der Wurfwaffen rissen den Opfern weitaus größere Wunden als einfache Holzspeere. So verblutete die Jagdbeute schneller, man musste getroffenen Tieren nicht mehr kilometerweit hinterherrennen. Lange Zeit blieb unklar, wie die neuen Geschossköpfe befestigt wurden. Doch dann lösten Forscher das Rätsel: mit Kleber! Den entdeckten Prähistoriker nahe Königsaue in Sachsen-Anhalt. Sie erspähten zwei auf den ersten Blick unscheinbare kleine Harz-Bröckchen, schwarz-braun gefärbt und etwa 80 000 Jahre alt. Zumindest eines davon entpuppte sich als Sensation. „Das Harz wurde ein-

deutig als Kittmasse für einen Holzgriff genutzt", sagt Ausgräber Dietrich Mania, Professor von der Uni Jena. Es war Kleber, mit dem ein Steinmesser in der Kerbe eines hölzernen Schaftes fixiert wurde. Und das Beeindruckendste: Auf dem Klumpen war der Fingerabdruck eines Neandertalers deutlich zu erkennen.

Chemische Analysen ergaben später, dass es sich nicht um Harz, sondern um Pech aus Birkenrinde handelte. Um dies herzustellen, musste der Neandertaler beträchtliche Fähigkeiten entwickelt haben. Mania: „Er beherrschte eine Schweltechnik, die er nicht unmittelbar in der Natur beobachten konnte, sondern erfunden haben musste." Die Herstellung einer solchen Masse gelingt nämlich nur,

ALLTAG VOR 100 000 JAHREN
Eine Neandertalerin beim Sammeln von Feuerholz. Die Figur und die Szenerie sind im Neanderthal Museum beim nordrhein-westfälischen Mettmann zu bestaunen.

wenn der Rohstoff Rinde luftdicht abgeschlossen ist und dann auf eine ziemlich konstante Temperatur von 340 bis 400 Grad Celsius gebracht wird. Wie die Menschen das damals schafften, weiß bisher niemand.

Trotz aller Kenntnislücken – was Forscher inzwischen über den cleveren Eiszeitjäger herausbekommen haben, ist beachtlich. Dank einer Reihe ergiebiger Fundstellen gelang es ihnen auch, zahlreiche Aspekte des Neandertaler-Alltags zu rekonstruieren. Etwa, wie die Menschen damals wohnten. Höhlen nutzten sie demnach als Zuhause nur relativ selten – und wenn, dann auch nur deren vorderen Teil. Meist errichteten sie zeltartige Bauten im Freiland.

In Rheindahlen bei Mönchengladbach gruben Wissenschaftler einen etwa 120 000 Jahre alten Siedlungsplatz aus und fanden neben zahlreichem Steingerät zwei Grundrisse von Hütten. „Wahrscheinlich waren es eine Sommer- und eine Winterbehausung", berichtet Hartmut Thieme, Archäologe vom Niedersächsischen Landesamt für Denkmalpflege in Hannover. Er analysierte die Gesamtstruktur des Lagers. „Die eine hatte einen Durchmesser von drei bis vier Meter. Hier zeigen die Funde, dass fast alle Aktivitäten außerhalb stattfanden, offenbar wurde sie nur in warmen Zeiten bewohnt. Die andere war sechs Meter im Durchmesser, hier lagen die meisten Artefakte im Inneren, ein Indiz dafür, dass es draußen zum Arbeiten zu kalt war." Und bei Buhlen in Nordhessen entdeckte Archäologe Lutz Fiedler, Professor im Vorgeschichtlichen Seminar der Universität Marburg, zusammen mit einem Kollegen einen 40 000 Jahre alten Lagerplatz in offener Landschaft. Bis zu einem Meter große Dolomitbrocken waren zu einem vier Meter großen Ring gruppiert, offenbar die Einfassung für ein Zelt oder eine Hütte.

Diese Unterkünfte, in denen manchmal über ein Dutzend Menschen lebte, wurden aus Mammutstoßzähnen, Tierfellen und Holz errichtet. Auch anderes Ökomaterial war beim Bau von Nutzen – und nicht nur dort. „Die Neandertaler haben mit Sicherheit ein breites Spektrum von Pflanzen als Rohstoffe verwendet", sagt Bärbel Auffermann. „Rinde, Bast, Gräser und Rohrkolben verarbeiteten sie zu Behältern, Körben, Netzen, Schnüren und vielem mehr. Aufgrund des relativ schnellen Zerfalls organischer Materialien lässt sich diese Nutzung archäologisch allerdings kaum belegen."

Selbst für Kleidung, so glauben Forscher, könnten die Naturfasern getaugt haben, etwa für Hemden oder Schuhe. Hauptsächlich jedoch trugen die Menschen wohl Strapazierfähigeres. So zeigen Spuren an Werkzeugen, dass man damit Tierhäute verarbeitete und Leder durchbohrte. Einen indirekten Nachweis für die Existenz von Neandertaler-Garderobe erbrachten Wissenschaftler des Leipziger Max-Planck-Instituts für evolutionäre Anthropologie. Mittels DNA-Analysen fanden sie heraus, dass die Kleiderlaus als Unterart der Menschenlaus vor etwa 72 000 Jahren entstanden sein muss. Die wenige Millimeter großen Tierchen leben bevorzugt an den Nähten von rauen Stoffen und ernähren sich vom Blut des Zweibeiners.

Neandertaler waren nicht nur geschickte Handwerker, sie hatten auch eine soziale Ader. So sorgten sie für Kranke. Das schließen Wissenschaftler aus einem im Nordirak gefundenen Skelett. Ihm fehlte der rechte Unterarm, der Oberarmstumpf war verkümmert; möglicherweise war der untere Teil sogar amputiert worden. Mit Sicherheit hatte das Leben diesem Mann übel mitgespielt: Die Knochen um sein linkes Auge waren zertrümmert, Rheuma hatte sein rechtes Fußgelenk und den großen Zeh deformiert. Er hat lange Zeit mit diesen Handicaps gelebt. Ohne Hilfe wäre er aufgeschmissen gewesen. „Das Beispiel zeigt, dass schwer Verletzte von der Gruppe nicht nur versorgt wurden, bis ihre Wunden verheilt waren, sondern auch als Behinderte weiter unterstützt wurden", erklärt Auffermann. Dabei waren schwere Traumata durchaus nicht selten: So wurden an Neandertaler-Gebeinen eine ganze Reihe verheilter Knochenbrüche diagnostiziert, offenbar meist Folgen von Jagdunfällen. Das schließen Forscher daraus, dass die Verletzungsmuster denen heutiger amerikanischer Rodeoreiter entsprechen. Und die bekommen die Blessuren vor allem durch Huftritte der Pferde, nicht durch Stürze.

Selbst ein unfallfreies Leben war damals kurz. Immerhin erreichte der eine oder andere ein Alter von 50 Jahren und mehr, die meisten allerdings starben bereits mit 20 bis 30. Nach dem Tod, davon gehen Wissenschaftler aus, wurden die Menschen begraben, zumindest einige von ihnen. „Es gab Erdbestattungen", sagt Jörg Orschiedt vom Archäologischen Institut der Hamburger Universität. Er habilitiert derzeit über Begräbnispraktiken der Neandertaler.

Zwar wurde hierzulande bislang kein eindeutiges Grab aus jener Zeit gefunden, doch möglicherweise, so der Forscher, waren die 1856 im Neandertal entdeckten Knochen die Reste einer Bestattung in der Feldhofer Grotte. „Die Beschädigungen am Skelett, die am Fundort durch Werkzeuge der Steinbrucharbeiter entstanden sind, legen den Schluss nahe, dass es sich ursprünglich als Ganzes dort befand", erklärt Orschiedt. Das lasse auf eine Beerdigung schließen, denn wäre der Verstorbene einfach der Umwelt überlassen worden, hätten Aas fressende Tiere den Leichnam zerfleddert. Zudem gibt es auch eindeutige Totengruben, etwa in Frankreich und im Irak. Sie alle liegen in Höhlen oder unter Felsendächern. Meist fanden Archäologen die Skelette darin mit angehockten Beinen; warum, ist rätselhaft.

Auch wie eine Beerdigung in der Steinzeit vonstatten ging, weiß niemand. „Aber das Begräbnis eines Verstorbenen setzt auf jeden Fall voraus, dass es Empfindungen wie Trauer gab, dass man pietätvoll mit den Toten umging und unter Umständen auch an eine jenseitige Welt glaubte", vermutet Orschiedt. Pollenfunde deuten darauf hin, dass Blüten auf Toten

Ein Individuum vom „Geschlecht der Flachköpfe“

Vor eineinhalb Jahrhunderten fanden Steinbrucharbeiter im Rheinland rätselhafte Gebeine. Stammten sie von einem Höhlenbären, einem russischen Kosaken oder einem Rachitiskranken? Die Antwort ließ auf sich warten.

Das Urgebein aus dem Neandertal wurde im Jahre 1856 entdeckt, im wildromantischen Tal des Flüsschens Düssel zwischen Mettmann und Düsseldorf. Maler und Dichter hatte es seit langem hierher gezogen – und den Pastor Joachim Neander aus dem nahen Düsseldorf. Er ließ sich im späten 17. Jahrhundert oft dort nieder, um, von der pittoresken Landschaft inspiriert, Kirchenlieder zu dichten. Nach ihm ist das Tal benannt.

Ein Steinbruchbetrieb, der Kalk für die Hochöfen der aufblühenden Industrie im Ruhrgebiet abbaute, zerstörte schließlich den Canyon. Dabei mussten auch zahlreiche Höhlen in den Felswänden über der Düssel weichen. Im Sommer 1856 stießen die Männer mit ihren Hacken in der „Kleinen Feldhofer Grotte“ auf Hartes: Knochen. Und nur weil zufällig der Steinbruchchef vorbeikam und die vermeintlichen Überbleibsel eines Bären aufheben wollte, landeten die Teile nicht im Müll, sondern in einer Holzkiste.

Die schenkte der Chef einem Mann, der für sein Interesse an Fossilien bekannt war: Lehrer Johann Carl Fuhlrott aus dem benachbarten Elberfeld. Es waren ein Schädeldach, zwei Oberschenkel- und zwei Oberarmknochen, die linke Beckenhälfte, fünf Rippen und noch ein paar andere Fragmente – insgesamt 16 Teile. Für Fuhlrott war schnell klar, dass es sich nicht um die Reste eines Tieres

IDYLL
Einst war das Neandertal eine romantische Schlucht – bis es durch Kalksteinabbau zerstört wurde.

KLISCHEE
Noch bis ins 20. Jahrhundert hielten Forscher den Neandertaler für ein äffisches Wesen.

handeln konnte; die Gebeine, daran bestand für ihn keinerlei Zweifel, gehörten einem fossilen menschlichen Wesen.

Die lokale „Bonner Zeitung" meldete, dass es sich bei dem Fund um ein Individuum vom „Geschlecht der Flachköpfe" handele, „deren noch heute im amerikanischen Westen wohnen". Die von einem allzu fantasievollen Redakteur verfassten Zeilen elektrisierten Franz Josef Mayer und Hermann Schaaffhausen, zwei Bonner Anatomie- und Anthropologieprofessoren. Beide erkannten nach Besichtigung der Knochen, dass es sich um menschliches Gebein handelte, doch auf ein urgeschichtliches Alter mochten sie sich unter keinen Umständen einlassen. Das nämlich hätte bedeutet, den Schöpfungsbericht der Bibel anzuzweifeln.

So begann ein lang anhaltender wissenschaftlicher Streit um das Alter des Fundes. Mayer behauptete, das Skelett stamme von einem „Flüchtling des Heeres der Russen", das „in der Gegend von Mettmann oder in der Umgebung des Düsselthales lagerte, um am 14. Januar 1814 über den Rhein gegen Frankreich zu ziehen". Die Krümmung der Oberschenkelknochen, so folgerte der Anatom, sei auf die Reiterei des Kosaken seit dessen Jugend zurückzuführen. Und in die Höhle im Neandertal sei er gekommen, um sich dort zu verstecken. Dabei habe er den Tod gefunden.

Auch der Berliner Professor Rudolf Virchow, einer der bedeutendsten Pathologen und Anatomen seiner Zeit, sichtete 1872 die Gebeine. In Abwesenheit ihres Besitzers Fuhlrott erschlich er sich unter einem Vorwand – die Tochter des Lehrers ließ ihn ins Haus – Zugang zu der berühmten Kiste und inspizierte den Inhalt. Das Urteil, das er später veröffentlichte, war vernichtend: Es handele sich um nichts anderes als um die Überbleibsel eines neuzeitlichen Menschen. Und der sei an Rachitis, Knochenerweichung aufgrund einer Störung des Kalzium- und Phosphat-Stoffwechsels, erkrankt und offenbar daran gestorben. Das galt von nun an als unanzweifelbares Urteil.

Fuhlrott hat die wahre Würdigung seines Schatzes nicht mehr erlebt, er starb 1877. Nur langsam, nachdem auch andernorts in Europa ähnliche Skelettreste entdeckt und untersucht worden waren und die Zeit reif war für Darwins Lehre, setzte sich die Erkenntnis durch, dass die verwitterten Gebeine aus dem Tal der Düssel von einem ausgestorbenen Urmenschentyp stammen. Der irische Anthropologe William King gab ihm den Namen „Homo neanderthalensis".

niedergelegt wurden; sie könnten allerdings auch von Nagetieren über unterirdische Gangsysteme dorthin gebracht worden sein.

Weil in einigen Gräbern auch Menschenknochen mit Schnittspuren entdeckt wurden, kam die Vermutung auf, dass die Neandertaler Kannibalen waren und ihresgleichen verzehrt hätten. Doch inzwischen glauben die meisten Wissenschaftler, dass diese Kerben keineswegs ein Beweis für Appetit auf das Fleisch der Artgenossen sind, sondern lediglich die Folge von bislang unbekannten Bestattungspraktiken.

Offenbar hatte der Neandertaler nicht nur Sinn für Rituelles, sondern auch für Kunst. So wurden bei Grabungen immer wieder Farbpigmente gefunden: schwarzes Manganoxyd, Eisenoxyd und roter Ocker. Möglicherweise wurde damit Kleidung gefärbt oder der Körper bemalt. Auf alle Fälle schmückten sich die Vorzeitler. So deuten Forscher den rund 60 000 Jahre alten durchbohrten Schwanzwirbel eines Wolfes, den sie in der Bockstein-Schmiede in Baden-Württemberg ans Tageslicht förderten, als Anhänger. Vor allem an Fundstellen im Ausland wurden durchlöcherte Tierzähne, Muschel- und Elfenbeinstücke aufgespürt – offenbar Teile von Ketten, die Menschen damals um den Hals trugen. Aber warum taten sie das? Waren sie bloß steinzeitliche Schöngeister? Oder verbarg sich dahinter ein tieferer Sinn? Sollte das Tragen der Anhänger die Männer bei der Jagd beschützen oder gar Götter gnädig stimmen? „Wir wissen nicht, welche Bedeutung der Schmuck hatte“, sagt Professor Gerd Weniger, Direktor des Neanderthal Museums, „aber er ist ein Hinweis auf ein hochkomplexes Denken des damaligen Menschen. Er war ein komplexer, kompletter und bisweilen sicher auch ein komplizierter Mensch, wie wir heute auch.“

Aus Höhlen der Schwäbischen Alb bargen Archäologen noch eine Reihe ganz anderer Kunstgegenstände: kleine Skulpturen von Wollnashörnern, Wasservögeln und Wildpferden, geschnitzt vor 35 000 bis 30 000 Jahren aus Mammutstoßzähnen. Auch eine 28 Zentimeter große, aufrecht stehende Figur war dabei: halb Löwe, halb Mensch. War ein derber Naturbursche zu solch großartigen Werken fähig? Gut möglich – doch sicher ist das nicht. Denn zu dieser Zeit lebten bereits andere Menschen in unserem Lande, auch sie könnten die Urheber gewesen sein.

AN HISTORISCHEM ORT
Wo im Jahre 1856 Steinbrucharbeiter die Skelettreste des berühmten Vorfahren fanden, steht seit 1996 das Neanderthal Museum.

Längst nämlich hatte des Neandertalers letzte Stunde geschlagen. Vor etwa 27 000 Jahren verschwand er plötzlich von der Bildfläche – zumindest ist bisher kein einziges Relikt von ihm aus einer späteren Zeit bekannt. Was war passiert? Warum trat der so erfolgreiche Akteur ab von der europäischen Bühne?

Zahlreich sind die Theorien. Klar scheint: Weil sein Abgang kam, nachdem ein anderer Menschentypus namens Homo sapiens vor etwa 40 000 Jahren aus Afrika eingewandert war, hatte der Neue wohl damit zu tun. Offenbar verdrängte er den Neandertaler. Aber wie? Hat er sich mit ihm vermischt und ihn so „untergemengt"? Nein, belegen vorläufige Analysen der Erbsubstanz von beiden: Homo neanderthalensis hat zum Genpool des heutigen Menschen keinerlei nachweisbaren Beitrag geleistet.

Brachte dann der Einwanderer womöglich ein Virus ins Land, gegen das er selbst immun war, das aber die anderen umbrachte? War Homo sapiens ein feindseliges Wesen, das den Platzhalter brutal bekriegte und gnadenlos ausrottete? Oder fand hier lediglich ein Kampf um Kalorien statt? Vielleicht war der Neue erfolgreicher in der Jagd; der Alte konnte seine Sippschaft nicht mehr ausreichend ernähren,

immer weniger Nachkommen zeugen und wurde so zum Verlierer im darwinistischen Kampf.

Möglicherweise jedoch liegt die Ursache für das Verschwinden der Neandertaler in den außergewöhnlich intensiven Klimaschwankungen jener späten Zeit. „Wir können davon ausgehen, dass sich damals die nördliche Siedlungsgrenze der Menschen innerhalb von ein, zwei oder drei Generationen wie ein Jojo ständig verschob", sagt Gerd Weniger. „Mit hoher Wahrscheinlichkeit bedeutete dieses Auf und Ab großen Stress für die Jäger- und Sammlerpopulationen in Europa." Der Experte glaubt, dass die Neandertaler-Gruppen immer wieder heftig dezimiert wurden, wenn das Eis zurückkehrte. Schon ein kleiner Vorsprung bei den Geburts- und Sterberaten von Homo sapiens hätte dann ausgereicht, um langfristig nur ihn überleben zu lassen. Doch worin bestand dieser Reproduktionsvorteil des Neuen?

Das Ende des großen Kältespezialisten – es bleibt für die Neandertal-Forscher bis heute das größte aller Rätsel.

WOHLIGE WÄRME IN KALTEN ZEITEN
Ein frierender Neandertaler hat sich in ein Fell gehüllt und hockt in einem Höhleneingang an einer Feuerstelle. Nur so konnten die Eiszeitmenschen in unseren Breiten überleben.
Diese Nachbildung des Mannes wird im Mettmanner Museum gezeigt.

Steinzeit-Revolution

Vor 40 000 Jahren tauchte der moderne Mensch erstmals in Europa auf. Der Immigrant war ein Innovator: Er verbesserte die Waffentechnik, erfand neue Werkzeuge aus Feuerstein, schuf Kunstwerke und machte Musik. Bis vor 12 000 Jahren noch war Homo sapiens ein jagender und sammelnder Vagabund. Dann brach die moderne Welt herein – aus dem Nahen Osten kamen Ackerbau und Viehzucht. Ihnen verdanken wir Steuererklärung, Verwaltung und Zeitmanagement.

Mammutfigur. Eine über 30 000 Jahre alte Skulptur aus der Vogelherdhöhle im Lonetal

Sonnenkalender

Die Kreisgrabenanlage von Goseck in Sachsen-Anhalt war nicht nur Kultstätte: Sie zeigte den Bauern und Viehzüchtern vor 7000 Jahren die exakten Termine der Sommer- und Wintersonnenwende an. So konnte die Saat jedes Jahr zur rechten Zeit ausgebracht werden.

„Das war doch hier, wo man die Himmelsscheibe gefunden hat?“ Die beiden älteren Ehepaare im robusten Wanderoutfit stehen im Matsch der archäologischen Grabungsstelle bei Goseck in Sachsen-Anhalt. Bei den Studenten, die mit kleinen Spachteln, Pinseln und Schabern behutsam im Boden kratzen, haben sie sich nach dem Leiter der Ausgrabung erkundigt. Der heißt François Bertemes, ist gebürtiger Luxemburger und Leiter des Instituts für prähistorische Archäologie an der Martin-Luther-Universität Halle-Wittenberg. Mit Pferdeschwanz, kurzen Hosen, schwarzen Fingernägeln und dreckverklumpten Schuhen sieht er aus wie ein studentischer Erntehelfer.

Nein, muss Professor Bertemes widersprechen, hier handele es sich um die Kreisgrabenanlage von Goseck. Die Himmelsscheibe habe man dagegen in Nebra gefunden, 25 Kilometer Luftlinie entfernt. „Da mögen Sie Recht haben“, beharrt der Wortführer der Senioren mit der Autorität des allseits informierten Tageszeitungslesers, „aber man könnte die Scheibe doch von hier nach Nebra gebracht haben, 25 Kilometer, ist doch ein Klacks.“ Bertemes räumt ein, dass die Entfernung nicht groß sei, kommt dann aber mit einem gewichtigen Argument: „Da liegen allerdings auch noch über 2500 Jahre dazwischen. Diese Anlage hier ist eine Kultstätte aus der Jungsteinzeit, die viel jüngere Nebra-Scheibe stammt dagegen aus der Bronzezeit.“ … Ah ja.

Sachsen-Anhalt vor etwa 7000 Jahren. Es ist Herbst. Ihre fünf großen Holzhäuser haben die Bewohner der Dorfgemeinschaft ausgebessert, die geflochtenen Wände frisch mit Lehm verschmiert, alles ist bereit für den Winter. Das Einkorn und die Gerste wurden mit den hölzernen Sicheln geschnitten, in die scharfe Steinklingen eingeklebt sind, dann wurde es gedroschen, nun liegt es sicher im Speicher. Das ist das Wichtigste.

WIEDERAUFBAU
Das Sonnenobservatorium von Goseck wurde 2005 rekonstruiert. Der Grabungsleiter François Bertemes (links) von der Universität Halle-Wittenberg sorgte dafür, dass die 2300 Eichenbohlen der zwei Palisadenringe originalgetreu ausgerichtet werden.

Das Vieh grast am Waldrand, von den Kindern gehütet. Jetzt ist die Zeit reif für das große gemeinsame Bauprojekt: Rund 50 Männer und Frauen heben mit Grabstöcken und Hacken aus Holz und Stein und mit den bloßen Händen einen runden Graben aus. Aus den Nachbarsiedlungen sind viele Helfer mit ihrem Gerät dazugekommen. Schon von weitem kann man die Frauen ausmachen, ihre mit Hämatit rot gefärbten Haare leuchten in der Sonne.

Immer wieder schleppen Gruppen von Männern Holzbohlen in das Rund hinein. Mit ihren Steinäxten haben sie Hunderte von Eichen in den Wäldern gefällt und die Stämme gleich vor Ort in drei Meter lange Stücke zerhackt. In zwei Kreisen sollen diese im Inneren der Anlage aufgestellt werden, in hüfthohen Löchern, Pfosten an Pfosten. Die ehrwürdigen Älteren haben bestimmt, dass die Palisaden Lücken haben sollen.

So ähnlich muss es zugegangen sein, als die kleine Gemeinschaft der Bauern und Viehzüchter die große Anlage errichtete – 2000 Jahre bevor im englischen Stonehenge der mystische Steinkreis aufgerichtet wurde. „Wir haben ausgerechnet", sagt Bertemes, „dass 100 Leute etwa 18 Tage allein an dem Graben und dem Wall geschaufelt haben müssen." Der Bau habe so viel Kraft gekostet und sei so immens gewesen, dass dieses Rondell für die Steinzeitbauern sicher enorme Bedeutung hatte. „Es war in erster Linie wohl eine Kultstätte, ein sakraler, von der Außenwelt abgeschirmter Platz zur Ahnenverehrung, für Initiationsriten, Hochzeits- oder Totenfeiern."

Der Bochumer Archäo-Astronom Wolfhard Schlosser hat berechnet, dass ihre Baumeister die Anlage präzise ausgerichtet haben. Zwei der drei Tore weisen auf den Sonnenauf- und -untergangspunkt zur Wintersonnenwende des 5. vorchristlichen Jahrtausends. Und die beiden Lücken in der Palisade, die ausgespart wurden, dienten zur Bestimmung des Zeitpunkts der Sommersonnenwende. So hatten die frühen Landwirte sich mit ihrem Sakralbau auch einen großen Kalender geschaffen, mit dem sie jene festen Termine bestimmen konnten, auf die sie zur Ausbringung ihrer Saat angewiesen waren.

Seit Bertemes mit seinen Studenten hier in der Nähe von Naumburg in der deutschen Vergangenheit wühlt, pilgern jeden Tag wissbegierige Besucher zu dem Acker und schauen den Wissenschaftlern bei den Erdarbeiten zu. Als „ältestes Sonnenobservatorium Europas" hat Goseck weltweit Aufmerksamkeit erregt – bei Archäologen wie bei interessierten Laien.

Entdeckt wurde die Anlage 1991 auf Luftaufnahmen, die ungewöhnliche Verfärbungen des Bodens zeigten. Seit Beginn der Ausgrabung im Jahre 2002 wurden 6500 Kubikmeter Boden abgetragen, gesichtet, gesiebt und ausgewertet, dann war klar: Hier stand ein einmaliges historisches Monument. Inzwischen wird die Kreisanlage originalgetreu rekonstruiert, zur Wintersonnenwende in diesem Jahr sollen Touristen sie begehen und in die Welt der Steinzeit eintauchen können.

Zwischen 4900 und 4700 vor Christus entstanden in ganz Europa ähnliche Sakralkreise. 350 wurden bis heute zwischen England

SCHNITZEREI
Der Löwenmensch wurde in einer Höhle der Schwäbischen Alb gefunden. Die Elfenbeinfigur gilt als eines der ältesten Kunstwerke der Welt.

TÖNE DER VERGANGENHEIT
Mit der Rekonstruktion der 35 000 Jahre alten „Geißenklösterle-Flöte“ aus Mammutelfenbein lassen sich passable Klänge hervorbringen.

und Ungarn entdeckt, allein in Deutschland sind es 180. „200 Jahre lang wurden die Kreise in bäuerlichen Siedlungen der Jungsteinzeit errichtet, dann plötzlich, als hätten sich Menschen in halb Europa verabredet, war Schluss – es muss so etwas wie eine Modeerscheinung gewesen sein“, sagt Bertemes. Warum die Kreise so plötzlich von der Bildfläche verschwanden, bleibt ein Rätsel.

Die Landkommunarden von Goseck, wie alle Bauern und Viehzüchter der Jungsteinzeit, mögen friedlich und bescheiden vor sich hin geackert haben. Und doch waren sie die größten Umstürzler, die es in der Geschichte der Menschheit gegeben hat. Mit ihrer neuen, sesshaften Lebensweise starteten sie eine Entwicklung, die 7000 Jahre später Rathäuser, Versicherungspolicen und Handelsabkommen hervorbrachte. In der Jungsteinzeit greift der Mensch zum ersten Mal in die Natur ein und beginnt, sie sich untertan zu machen. Zum ersten Mal produziert er mehr, als er aktuell verbraucht. Unsere Art, Homo sapiens, ist zu dieser Zeit allerdings schon eine ganze Weile in heute deutschen Landen präsent.

Niemand weiß, wie der letzte der Neandertaler vor etwa 27 000 Jahren starb. Vielleicht wurde er bei der Jagd von einem Mammut überrannt. Vielleicht erlag er einer Krankheit, in seiner Behausung an einem langsam verglimmenden Feuer. Oder er wurde von unseren Vorfahren erschlagen, seinen Nachfolgern. Nur eines ist sicher – er muss sehr einsam gewesen sein: Es war niemand da, der um den Letzten seiner Art trauern konnte.

Eine Viertelmillion Jahre hatten die robusten Zweibeiner Europa und den Nahen Osten durchstreift. Nun aber war ihre Zeit abgelaufen. Draußen jagte und sammelte schon der Konkurrent – der moderne Mensch, Homo sapiens. Er hatte sich vor langer Zeit in Afrika aus Homo erectus entwickelt. Wie einst jener war er aus dem warmen Kontinent ausgewandert, ließ sich zunächst im Nahen Osten nieder und erreichte vor etwa 40 000 Jahren den Oberlauf der Donau.

Gut 10 000 Jahre lebten der Alte und der Neue nebeneinander her. Mitteleuropa war gerade mal von einer halben Million Menschen besiedelt, weniger, als heute in Düsseldorf leben. Trotzdem vertreten Wissenschaftler die Hypothese, dass sie sich getroffen, ja, dass sie voneinander gelernt haben.

Seine ersten Spuren hat der Neueinwanderer aus dem Orient in Deutschland möglicherweise auf der Schwäbischen Alb hinterlassen. Noch ist allerdings nicht sicher, ob sie überhaupt von ihm oder doch bereits von seinem Vorgänger stammen. In den Karsthöhlen rund um Blaubeuren fanden Archäologen eine Wiege steinzeitlicher Kultur: Bruchstücke winziger Skulpturen, kleine Mammuts, Raubkatzen und Nashörner. Es sind die ältesten Kunstwerke, die bis heute auf der ganzen Welt entdeckt wurden. Glanzstück ist eine Menschenfigur mit einem Löwenkopf, der „Löwenmensch" aus der Stadelhöhle.

TON, STEINE, SCHERBEN
Die Bandkeramik, mit der die Gefäße verziert wurden, gab der vor 7000 Jahren herrschenden Kultur den Namen, der Hauptwerkstoff Stein, aus dem die Beile und Mahlsteine gehauen sind, der ganzen Ära.

Die Jäger und Sammler von der Schwäbischen Alb waren aber nicht nur Heimwerker, sie haben offenbar auch Hausmusik gemacht. Im Jahr 2004 puzzelten Archäologen der Universität Tübingen aus Bruchstücken, die in den 70er Jahren in der Geißenklösterle-Höhle bei Blaubeuren im Schwäbischen Jura gefunden wurden, eine 18,7 Zentimeter lange Flöte mit drei Löchern zusammen. 35 000 Jahre ist sie etwa alt, aus Mammutelfenbein geschnitzt – das vermutlich erste Musikinstrument der Welt. Die steinzeitlichen Töne müssen ganz passabel geklungen haben: Der Experimental-Archäologe Friedrich Seeberger baute das Instrument nach und entlockte dem Blasinstrument sieben verschiedene Töne.

Der kunstsinnige Homo sapiens ist etwa einen Kopf höher als der Neandertaler, doch im Vergleich zu seinem muskelbepackten Vorgänger muss er geradezu zart und zerbrechlich gewirkt haben. Was ihn mit seinem zudem kleineren Gehirn dennoch überlegen macht, ist für Anthropologen bis heute ein großes Rätsel. War es seine energiegünstigere Konstruktion? Seine ausgezeichneten Allround-Fähigkeiten? Auf alle Fälle war er enorm anpassungsfähig. Wird das Klima kälter, erfindet er Nadeln, mit denen sich dickere und dichtere Kleidung nähen lässt. Vor allem aber: Der neue Mensch macht sich Gedanken über die Waffen des Neandertalers – und verbessert sie deutlich. Mit Lanze und Speer konnte der traditionelle Jäger einem Beutetier auf mehr als 20 Meter kaum etwas anhaben. Und wer einem Wisent oder gar Elefanten zu nahe auf die Pelle rückte, begab sich in Lebensgefahr. Irgendein Steinzeittüftler muss sich über diese Beschränkung geärgert und intuitiv die Hebelgesetze erahnt haben. Er erfand die Speerschleuder, ein geniales Gerät, das die Wirkung des Wurfspießes stark verbesserte. Die Schleuder ist eine Art Startrampe für ihr etwa 60 Zentimeter langes Geschoss, das einen knöchernen Widerhaken trägt. Dieser Speer wird in die Vorrichtung eingehakt und dann nach vorn katapultiert. In der letzten Abschussphase sorgt die Starthilfe durch ihre Hebelwirkung für eine Extrabeschleunigung – so schnellt der Speer mit bis zu 100 Kilometer pro Stunde ins Ziel. Damit konnte der Steinzeitjäger einen Hirsch aus 30 Meter Entfernung töten. Die gefährlichen Nahkämpfe mit Bären oder Wildschweinen wurden seltener.

Archäologen fanden solche Waffen in der Dordogne in Südfrankreich, sie sind 12 000 bis 14 000 Jahre alt. Wissenschaftler gehen

MUSIK MIT VOGELGEBEIN
Diese Flöte wurde aus einem Schwanenflügel-Knochen gefertigt. Archäologen fanden sie – ebenso wie das in etwa gleich alte Exemplar aus Mammutelfenbein – im Geißenklösterle, einer Höhle auf der Schwäbischen Alb.
Das filigrane Instrument war in mehrere Teile zerbrochen; Wissenschaftler haben sie zusammengesetzt.

davon aus, dass die Speerschleudern bald überall im Siedlungsgebiet des Menschen verbreitet waren. In Australien jagen Aborigines noch heute mit dem archaischen Gerät.

Seine größeren Jagderfolge und die Fähigkeit, kleine Vorräte anzulegen, verschafften dem frühen Menschen Freizeit. Kaum mehr als zwei Stunden pro Tag, so schätzen Wissenschaftler, wird er gebraucht haben, um seine Nahrung zu beschaffen. Sie bestand zu etwa zwei Dritteln aus Fleisch und zu einem Drittel aus pflanzlichen Speisen. Früchte, Samen, Wurzeln und Pilze wurden ebenso gesammelt wie Honig und Eier.

Bei ihrer Ankunft in unseren Breiten jedoch hatten sich unsere Vorfahren in einer der ungemütlicheren Zeiten der Erdgeschichte

Im Tode vereint

Mutter und Tochter, Vater und Sohn – das Familiengrab aus der Bandkeramik-Zeit fanden Archäologen in Eulau, nicht weit von Goseck, in einem Gräberfeld. Es wurde als Block geborgen und wird im Landesmuseum für Vorgeschichte in Halle untersucht. Dabei wird der Mutter ein Zahn gezogen, den die Forscher für ihre Laboranalysen benötigen. So können sie etwa herausfinden, wie der Speisezettel der Steinzeit aussah.

durchzuschlagen. Denn mal wieder herrschte Eiszeit. Bis zu 2000 Meter dicke Gletscher überzogen Nordeuropa, noch vor 20 000 Jahren reichten sie im Norden bis nach Hamburg und von Süden her fast bis München. Warum also ausgerechnet zu dieser Zeit hier Fuß fassen?

Die Verlockung lag – wie bei seinen Vorgängern – zwischen den riesigen Eispanzern. Denn von Sibirien über Deutschland bis nach England zog sich nun eine weite Graslandsteppe, randvoll mit fetter Jagdbeute. Riesige Herden von Mammuts, Wollnashörnern, Bisons, Rentieren und Wildpferden grasten in dieser weiten Landschaft.

Die Natur, in die die Neuankömmlinge eingewandert waren, hatte ihre Launen. Tektonisch war Zentraleuropa noch deutlich aktiver als heute. Und so hielt die Erde in jenen Zeiten böse Überraschungen bereit: An einem Frühsommertag vor etwa 12 900 Jahren explodierte beispielsweise mitten in der Eifel der Laacher-See-Vulkan, in der Erdgeschichte Deutschlands eine der katastrophalsten Eruptionen. Mehr als sechs Kubikkilometer Asche und Gesteinsbomben wurden bis zu 30 Kilometer hoch in die Luft geschossen. Am Ende des mehrtägigen Ausbruchs wälzte sich ein „pyroklastischer Strom", eine bis zu 60 Meter dicke Glutlawine, in die Landschaft. Sie brachte den Rhein zum Stehen und staute ihn zu einem 20 Kilometer langen See, der von Andernach bis zum heutigen Koblenzer Bahnhof reichte. Vier menschliche Siedlungen verschüttete der Ausbruch, so Axel von Berg, Konservator vom Landesamt für Denkmalpflege in Koblenz. Aber es ist gut möglich, dass alle verlassen waren.

Vor 10 000 Jahren ging die letzte Eiszeit zu Ende, es begann das Holozän, die erdgeschichtliche Periode, in der wir heute leben. Mit dem klimatischen Umschwung zog sich die Eismasse, die Nordeuropa bis zur Mitte der Niederlande sowie Südengland bedeckte, allmählich Richtung Norden zurück. Vor 7000 Jahren war der Meeresspiegel so weit angestiegen, dass die Ostsee, bisher ein Binnenmeer, sich zur Nordsee hin öffnete.

Die Pflanzenwelt passte sich dem globalen Klimawandel an. Die der Eisgrenze vorgelagerten Tundrengebiete verschoben sich nach Norden. Riesige Rentierherden zogen nun durch den anwachsenden Lebensraum, gefolgt von Jägern, die sich wie im Schlaraffenland fühlen mussten. Sie erweiterten ihr Arsenal um eine neue Waffe, deren Schussgeschwindigkeit, Zielgenauigkeit und Durchschlagskraft die bewährte Speerschleuder

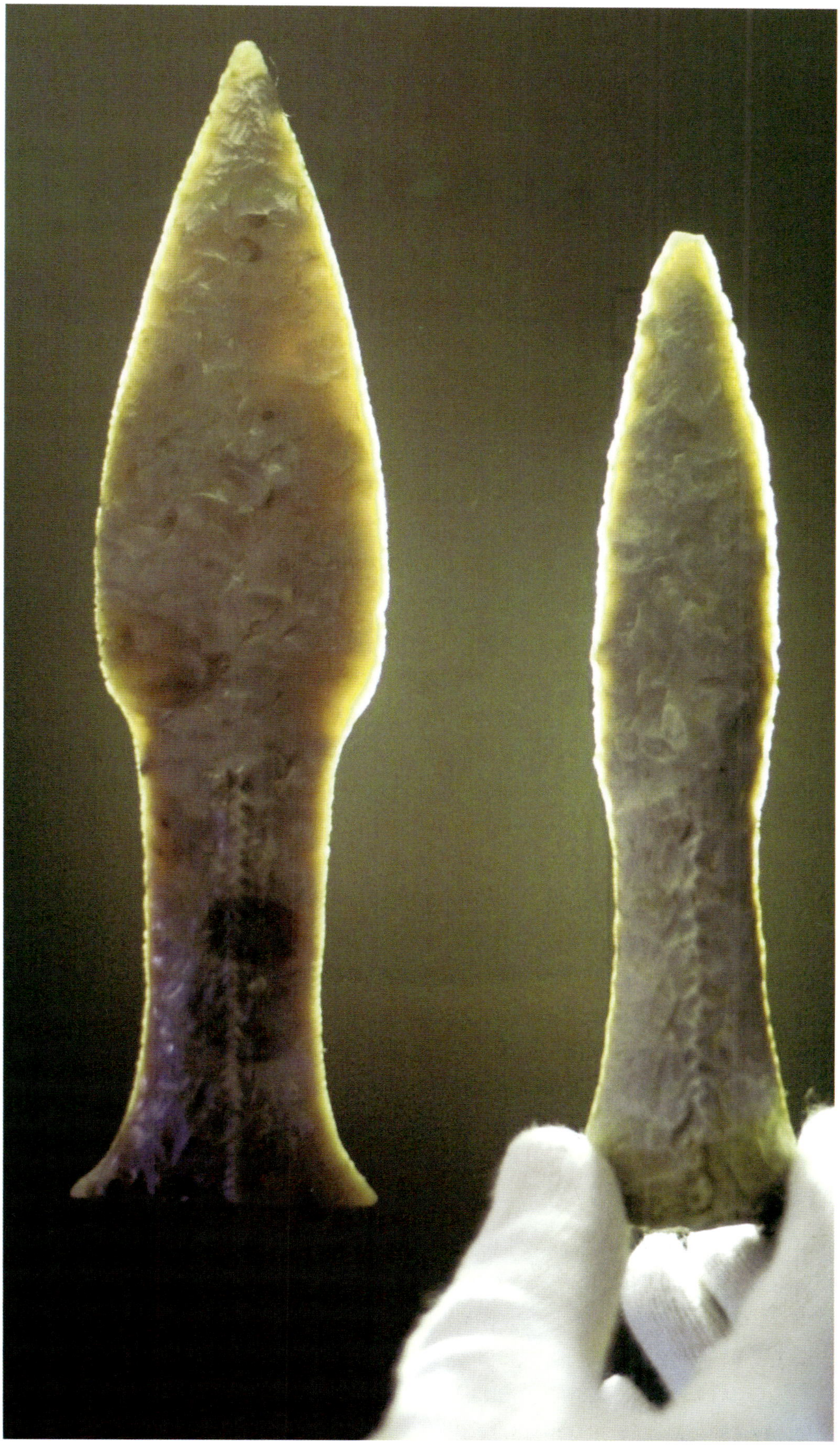

HIGH TECH
„Fischschwanz-Dolche“ in vollendeter Form. Diese Waffen wurden vor 4300 Jahren aus Feuerstein geschlagen, dem „Stahl der Steinzeit“.

alt aussehen ließ: Pfeil und Bogen. Vergleichstests der beiden Steinzeitwaffen haben ergeben, dass der Pfeil mit 150 km/h Startgeschwindigkeit um 50 Prozent schneller ist. In Ahrensburg bei Hamburg wurden die ältesten Pfeilschäfte der Welt gefunden.

Doch bei allem Fortschritt, den sich Homo sapiens über viele Generationen gegenüber dem Neandertaler erarbeitet hatte, bei allem Komfort, allen neuen Superwaffen und den schönen Flötentönen des Steinzeitjägers – er ist zu diesem Zeitpunkt noch schwer in Verzug: Mehr als eine Million Jahre hat sich der Mensch und haben sich alle seine Vorfahren mit Jagen und Sammeln beschäftigt. Ziemlich bald schon soll er mit Handys telefonieren, Goretex-Schuhe tragen, Bigmacs essen und ins All fliegen. Will er das schaffen, muss er schleunigst in die Hufe kommen und Pfeil und Bogen in die Ecke werfen. Nicht weniger als ein kultureller Urknall ist fällig, der große Sprung nach vorn.

Die moderne Welt wurde im Nahen Osten begründet, in einem schmalen Streifen zwischen dem Fluss Euphrat und dem Toten Meer. Die Menschen machten hier schon vor zirka 12 000 Jahren eine weit reichende Entdeckung: Lagert man Getreidekörner in Erdgruben, beginnen sie zu keimen. Es entstehen daraus neue Pflanzen. Dem ersten Erkenntnisschritt – wer aussät, kann ernten – folgte bald der zweite: gutes Saatgut, gute Ernte. Das führte zur bewussten Aussaat und zur Züchtung immer stabilerer Sorten. Im Gebiet vom Persischen Golf über das Zweistromland entlang der Südküste der Türkei bauten die Menschen Hülsenfrüchte und Getreide an. 1500 Jahre später wandten die Menschen die Prinzipien der Zucht auf die Tiere an: Durch Auswahl zahmer und gesunder Schafe und Ziegen wurden aus Wildtieren über mehrere Jahrhunderte Haustiere, die sich in freier Wildbahn bald nicht mehr behaupten konnten, weil der Mensch sie vor ihren natürlichen Feinden schützte.

Mit der Entdeckung des Ackerbaus änderte sich die wirtschaftliche Situation des Menschen grundlegend. Er musste seiner Nahrung nicht mehr hinterherziehen, sondern konnte sich direkt neben seinem Essen niederlassen. Schaffe, schaffe, Häusle baue, nicht mehr nach dem Mammut schaue, war die neue Parole.

Über die Türkei, Griechenland und Ungarn breitete sich die neue Art zu leben um 5600 vor unserer Zeitrechnung nach Mitteleuropa aus. Wie das geschah, darüber gibt es unter Wissenschaftlern zwei Meinungen: Die einen behaupten, die ersten Bauern in Deutschland seien wiederum Einwanderer gewesen, die mit Sack und Pack, mit Saatgut und Vieh aus dem Osten kamen und sich über Generationen langsam Richtung Norden ausbreiteten. Nicht die Menschen seien gewandert, sondern nur die neuen Ideen und Techniken, so die Gegenmeinung.

Die Einwanderungstheorie hat durch Analysen unseres Erbguts Aufwind bekommen. Eine Gruppe Genetiker um den Londoner Wissenschaftler Lounes Chikhi hat spezielle Mutationen auf dem Y-Chromosom untersucht. Ergebnis: 50 bis 65 Prozent der Gene der heutigen Europäer stammen aus dem Nahen Osten. Die lange schon einheimischen Jäger und Sammler hätten demnach im sechsten vorchristlichen Jahrtausend nur noch weniger als ein Drittel der Bevölkerung ausgemacht.

Für ihr Vorrücken von Ungarn bis an den Rhein brauchten die Landwirte nur 100 Jahre. Bis etwa 5000 vor Christus hatten die Menschen von der Ukraine bis in das Pariser Becken eine gemeinsame Kultur. Die ersten deutschen Bauern werden nach der Verzierung ihrer Tongefäße „Linearbandkeramiker" genannt.

Sie waren hervorragende Handwerker, deren einzige Werkzeuge jedoch noch immer aus Stein, Holz und Knochen bestanden. Sie errichteten sich bis zu 50 Meter lange und 10 Meter breite Holzhäuser. Dank aufwändiger Brunnen konnten sie bald auch abseits offener Gewässer siedeln: Die älteste hölzerne Wasserstelle Deutschlands hat man im sächsischen Eythra gefunden. An den Jahresringen des Bauholzes kann man das exakte Baudatum erkennen: 5084 vor unserer Zeit. Den mit 14 Metern tiefsten Brunnen gruben die Bandkeramiker im rheinischen Erkelenz.

Ein Pfeiler ihres Fortschritts war der „Stahl der Steinzeit", der Feuerstein, mit dem die wichtigsten Werkzeuge – Beile, Messer, Sicheln, Schaber und sogar Skalpelle für Schädeloperationen – hergestellt wurden. Der wachsende Wohlstand und die steigenden Bevölkerungszahlen ließen ihn schließlich knapp werden.

Die neue Art zu leben, sesshaft, mit mehr Menschen auf engerem Raum, erforderte Regeln, die vorher nicht nötig waren. Während Jäger und Sammler außer Jagd- und Kochgerät, Kleidung und Schmuck nichts besaßen, verfügten Hirten über Tiere und Bauern über Land, dazu Gebäude und Vorräte. Mit anderen Worten: Es gab auf ein-

Mann aus dem Eis

Mit Kupferbeil und Feuersteinen im Gepäck zog er vor mehr als 5000 Jahren über den Similaungletscher in Tirol. Sein Ziel erreichte er nie – im Tod vom Eis konserviert, überdauerte er Jahrtausende. Als „Ötzi“ brachte es der Verstorbene zu spätem Ruhm: Er wurde 1991 gefunden.

SPURENSUCHE
Dunkle Verfärbungen im Boden sind die einzigen Überbleibsel des Sonnenobservatoriums von Goseck. Grabungsleiter François Bertemes zeigt sie einem Kollegen. Nur einen Kilometer entfernt von hier werden im Oktober 2005 die Reste eines 7000 Jahre alten Dorfes entdeckt.

mal Privateigentum. Durch ungleiche Verteilung der guten Böden sowie Glück oder Pech bei Unwettern und Dürren entstanden Arm und Reich. Die friedlichen Zeiten, in denen das Leben und Arbeiten gemeinschaftlich organisiert wurde, gingen zu Ende.

Bei Talheim in der Nähe von Heilbronn wurden die Spuren eines frühen Kriminalfalls entdeckt, ein Massengrab aus der Zeit vor

7000 Jahren. 18 Erwachsene, 16 Jugendliche und Kinder und drei Kleinkinder, alle Bewohner einer Siedlung, waren überfallen worden. Sie versuchten zu entkommen, wurden jedoch mit Beilen auf der Flucht erschlagen und anschließend in einer Grube verscharrt. Zuvor hatten die Schlächter ihren Opfern allen Schmuck abgenommen.

Die Herausbildung sozialer Schichten, das Einsetzen der ersten Bodenerosion durch Roden und Pflügen und der immer knapper werdende Feuerstein zogen eine Welle der Gewalt in ganz Europa nach sich. Die Kultur der Bandkeramiker, die einmal von Nordfrankreich bis Moldawien gereicht hatte, fiel auseinander. In ganz Europa begannen die steinzeitlichen Bauern zusammenzurücken. Die verstreuten Siedlungen lösten sich auf zugunsten der ersten Dörfer, die oft mit Gräben und Zäunen befestigt waren.

Es ist etwa die Zeit, zu der ein Mann, mit Fell und Leder gegen die Kälte gewappnet, allein durch die Ötztaler Alpen klettert. Neben einem prähistorischen Feuerzeug und einigen Feuersteinklingen trägt er ein Kupferbeil bei sich. Ein sehr modernes Utensil, das den Steinzeitler, den man später einmal Ötzi nennen wird, ungemein schmückt, aber für den harten Einsatz nur begrenzt geeignet ist: Das Metall ist zu weich, um dem Feuerstein Konkurrenz machen zu können. In einigen Jahren wird jemand dann herausfinden, dass Kupfer hart wird, wenn man es mit ein wenig Zinn legiert. Das neue Supermetall heißt Bronze. Geeignet für die Herstellung betörend schöner Schmuckstücke – und massenhaft scharfer Schwerter.

WAFFEN-CHECK
Den 5000 Jahre alten Feuersteindolch fanden Archäologen in Allensbach am Bodensee.

Im Glanz der Bronze

Ein neues Metall erobert Europa. Neun Teile Kupfer, ein Teil Zinn – dank dieses Rezepts lassen sich Werkzeuge und Waffen von großer Festigkeit und in mannigfacher Gestalt herstellen. Wer diese Technik beherrscht, hat keine Zeit mehr, den Acker zu bestellen. Soziale Innovationen bringen die arbeitsteilige Gesellschaft hervor, Rohstoffe müssen der Erde in harter Plackerei abgerungen werden. Doch das lohnt sich: Erstmals lernen unsere Vorfahren den Wohlstand kennen.

Kompakt-Kosmos:
Die Himmelsscheibe von Nebra (Sachsen-Anhalt) ist die älteste bekannte Darstellung des Sternenhimmels.

Flutkatastrophe

In letzter Sekunde hat sich eine Familie mit Sack und Pack in ihr Boot gerettet. Ihr Haus, das auf Pfählen in der Nähe des Bodensees steht, wird ein Opfer steigender Fluten. Um 850 vor Christus wurden dort viele Siedlungen aufgegeben, weil der Anstieg des Pegels die Dörfer am Wasser auf Dauer unbewohnbar machte.

Dort, wo heute der thüringische Ort Leubingen liegt, findet etwa 1490 Jahre vor unserer Zeitrechnung ein großes Begräbnis statt. Ein geachteter Mann, den man später den „Fürsten von Leubingen" nennen wird, ist in hohem Alter gestorben. Nun wird er feierlich aufgebahrt, mit dem Kopf nach Norden, wie es damals üblich war. Zu seinen Füßen legen Helfer wertvolle Dolche, Steinbeile, Meißel und einen Amboss aus, in sein kostbares Gewand werden goldene Nadeln gesteckt, ein goldener Armreif umschließt sein Handgelenk. Quer über den Körper legen die Bestatter ein im Alter von zehn Jahren verstorbenes Kind. Möglich, dass es zu Ehren des hohen Herrn geopfert wurde.

Über den Leichnamen errichten Handwerker eine Totenhütte aus Holzbohlen, die man mit einer tonnenschweren Lage aus dicken Steinen deckt. Dann kommt die Hauptarbeit: 3000 Kubikmeter Erde werden darüber zu einem Hügelgrab von 8,5 Meter Höhe und etwa 34 Meter Durchmesser aufgetürmt. Es ist beinahe eine kleine Pyramide, die da vor 3500 Jahren erbaut wurde. Einige der „echten" Pyramiden stehen zu dieser Zeit schon in Ägypten: Pharao Cheops ließ sich tausend Jahre vor dem Leubinger Häuptling ein ungleich prächtigeres Bauwerk als Grabmal errichten, das bis heute seinen Namen trägt.

SICHERHEITSBEDÜRFNIS
Mit Wällen aus Stein und Holz, wie hier im Freilichtmuseum Oerlinghausen nachgebaut, schützten sich bronzezeitliche Siedlungen gegen die Außenwelt.

Während uns in Stein gemeißelte oder auf Papyrus getuschte Hieroglyphen übermitteln, was in jenen Tagen in Ägypten geschah, wissen wir über den Leubinger Fürsten wenig. Seine Zeit ist uns gegenüber schweigsam – es gibt noch keine Schrift in unserer Region und kaum bildliche Darstellungen. Wir wissen nicht, wie der Häuptling oder sein Stamm hieß, welche Sprache die Menschen sprachen.

Es sind die Fundstücke unter unseren Füßen, die uns einen Weg weisen in das Leben und die Welt unserer Vorfahren. Wissenschaftler können zudem rekonstruieren, was damals gegessen wurde, wie die Häuser aussahen und welche Tiere im Stall standen. Die Geisteswelt

WÄRMENDE HAUBE
Typisch für die bäuerlichen Holzständerhäuser waren tief heruntergezogene Strohdächer. Hier eine Nachbildung im Park des archäologischen Museums.

unserer Ahnen bleibt uns jedoch zum großen Teil verschlossen. Ob die Männer, die den Grabhügel geschaufelt haben, voller Hass auf den Toten waren oder ob sie trauerten, wird man nie herausfinden. Immerhin lassen kostspielige Grabbeigaben darauf schließen, dass die Menschen an ein Jenseits glaubten, auf ein Leben nach dem Tode hofften.

Was aus der Zeit des Leubinger Fürsten in Massen geblieben ist, sind Gefäße, Hausrat, Waffen und üppiger Schmuck, meist gegossen und geschmiedet aus der wichtigsten Kostbarkeit jener Zeit: Bronze. Diese Legierung aus 90 Prozent Kupfer und 10 Prozent Zinn gibt der Epoche ihren Namen. Sie dauert in Mitteleuropa etwa von 2300 bis etwa 800 v. Chr. Es ist kein Abschnitt der Geschichte, der synchron abläuft. Eine Vielzahl unterschiedlicher Kulturen entsteht von Ägyp-

Zu Hause im Öko-Bau

Mit dem Vieh unter einem Dach aus Schilf oder Stroh und der Feuerstelle als Zentrum lebten bis zu zehn Personen in den Wohnstallhäusern der Bronzezeit. Im Freilichtmuseum Oerlinghausen wurde die Wohnstatt der Bronzezeit rekonstruiert.

UNTER WASSER
Im Bodensee bei Unteruhldingen fanden Archäologen die Reste von Holzpfählen, auf denen vor 3000 Jahren eine Siedlung im feuchten Boden stand.

ten bis Skandinavien und vom Ural bis zum Atlantik, und es gibt große regionale Unterschiede – aber die Geschichte schlägt in dieser Zeit ein revolutionäres Kapitel auf.

Professor Albrecht Jockenhövel, Lehrstuhlinhaber für Vor- und Frühgeschichte an der Uni Münster, wird von seinen Kollegen scherzhaft „razor man“ genannt, weil er – unter anderem – die Rasiermesser der Bronzezeit erforscht hat. Für den Archäologen, der sich immer wieder für die hohe Kunst der Handwerker dieser Zeit begeistern kann, war das erste „industrielle“ Zeitalter der westlichen Hemisphäre eine entscheidende Epoche: „Die Menschen haben begonnen, in größeren Räumen zu denken, und ihren geografischen Horizont erweitert. Und durch die Entwicklung bis in die Moderne tradierter Handwerkstechniken erlangten sie neues, praktisches Wissen in Chemie und Physik – große empirische Errungenschaften, die langfristig den Lauf unserer Welt entscheidend beeinflusst haben.“

Davon profitierte zu Lebzeiten auch der Fürst von Leubingen. Er residierte im Gebiet der Porta Thuringica, zu jener Zeit eine blühende Wirtschaftsregion: Hier trafen die Handelsrouten, auf denen Kupfer aus dem Alpenraum nach Norden und Bernstein von der Ostsee nach Süden transportiert wurden, aufeinander. Bei Mansfeld fanden sich leicht zu förderndes Kupfer und Silber, im Erzgebirge wurde Gold gewonnen. Die Böden waren fett und brachten reiche Ernten – noch heute gehören sie zu den fruchtbarsten Deutschlands. Die kunstvollen Beile, Stabdolche und Armreifen von Handwerkern der hier ansässigen Aunjetitzer Kultur waren von Skandinavien bis nach Süddeutschland begehrt und wohl für die meisten unerschwinglich wie heute die Preziosen von Cartier.

Eine andere Quelle für den Reichtum des Fürsten muss das Salz gewesen sein, das ganz in der Nähe im Harzvorland und beim heutigen Halle gefördert wurde. Der weiße Kristall war heiß begehrt, denn er wurde nicht mehr nur zum Würzen verwendet – man hatte gelernt, Fleisch durch Pökeln zu konservieren. Nun eignete es sich sogar zum Handel. Zudem war Salz beim Gerben von Leder durch nichts zu ersetzen.

Aber die heißeste Ware und zugleich der große kulturelle und wirtschaftliche Motor, der Ursprung neuer Berufe und die Quelle von Reichtum – und damit auch Armut – war die Bronze. Neun Teile Kupfer, ein Teil Zinn, das war die Zauberformel, mit der die Welt beschleunigt wurde.

Kupfererz wurde schon seit dem fünften Jahrtausend vor Christus abgebaut und verarbeitet. Aber Kupfer war zu weich und spröde, es eignete sich nicht für Gebrauchsgegenstände. Das Kupferbeil, das der Ötzi in der späten Steinzeit am Gürtel trug, war ein Statussymbol, zum Bäumefällen oder zum Kampf taugte es nicht. Erst durch die Verschmelzung mit Zinn entsteht ein harter Stoff, der sich gut gießen, schmieden und so in jede beliebige Form bringen lässt. Nachdem die Handwerker wiederverwendbare Gussformen erfunden und ihre Techniken durch Tüfteln und Probieren immer weiter entwickelt hatten, waren Massenproduktion und sogar Recycling möglich – unbrauchbar gewordene Geräte landeten wieder im Schmelztiegel. Das große Rätsel bis heute: Wer trat die Lawine los, wer kam auf die grandiose Idee, die zwei Metalle im richtigen Verhältnis zusammenzuschmelzen?

Als Heinrich Schliemann vor mehr als 100 Jahren an der Meerenge der Dardanellen unter dem Hügel von Hisarlık die Ruinen des homerischen Troja entdeckt zu haben glaubte und gewaltige Mengen von Bronzeschmuck und -waffen zutage förderte, fragte er sich: Woher hatten die Trojaner dieses Supermetall? Kupfer fanden die Trojaner vor der Haustür, das Zinn kam von weit her, aus Zentralasien, vor allem aus der Region des heutigen Usbekistan und Tadschikistan. Dort, so wird heute vermutet, legierten Handwerker zum ersten Mal Zinn und Kupfer und schufen den High-Tech-Werkstoff.

SIEG DES SCHÖNEN

Mit der Entdeckung der Bronze erlebte das Handwerk einen gewaltigen Aufschwung. Die relativ leicht zu bearbeitende Metalllegierung wurde in den Händen von Künstlern Rohstoff für Schmuckstücke – und Waffen –, die noch heute bewundert werden. In die Gürtelzierscheibe (24 cm Durchmesser) sind feine Ornamente gehämmert. Der kleine dreirädrige Karren war ein Kultobjekt, der Armreif Grabbeigabe. Die Bernsteinkette wurde um 1700 v. Chr. gefertigt und in Dieskau (Saalkreis) gefunden, das 77 cm lange Schwert schmückte einen Mann. Aus Grabungen bei Teterow, Mecklenburg-Vorpommern, stammt die „Beinberge", ein Schmuckstück, das Frauen an der Wade trugen.

Der Mensch formte das Metall. Aber das Metall formte auch den Menschen: Zinn war äußerst selten. In Europa gab es wenige Vorkommen, die größten im südwestlichen England auf der Halbinsel Cornwall und in der Bretagne. Wer Bronze herstellen wollte, war darauf angewiesen, Handel zu treiben. „In der späteren Eisenzeit war der Kontakt zu anderen Kulturen gar nicht so notwendig, Eisen gab es überall", sagt Professor Jockenhövel, „wer dagegen Zinn haben wollte, musste sich bewegen und offen sein für neue Techniken und Ideen und vor allem: andere Kulturen."

Der Warenaustausch blühte, die Bronze musste zu den Kunden, und die Schmelzöfen warteten auf Kupfer, Zinn und Brennholz. Vornehme Frauen in Südhannover wollten endlich die neuen, herrlichen Schmucknadeln aus Lüneburg haben (Knöpfe gab es noch nicht), und im späteren Niedersachsen bei Dohnsen ist man entzückt über eine Bronzetasse, die ein Händler aus dem Mittelmeerraum mitgebracht hat.

Pferd und Wagen werden für den Transport immer wichtiger, in Ostfriesland hat man sogar ein verzweigtes Netz von Straßen entdeckt: Wege aus Eichenbohlen, die sumpfiges Gelände überbrückten. Die Europäer lernen einander kennen: Baltische Bernsteinketten tauchen in Griechenland auf, griechische Perlen in England. Moden verbreiten sich schnell, neue Techniken machen die Runde. Es scheint sogar eine Art Geld gegeben zu haben, ein „prämonetarisches System": Bronzene Ösenringbarren, die wie Armreifen getragen werden konnten, wurden an vielen, weit auseinander liegenden Orten gefunden. Sie hatten anscheinend ein genormtes Gewicht und fast immer die gleiche Kupfergüteklasse, sodass man sie ohne Umstände tauschen konnte.

Der Bedarf an Metall war gewaltig, zumal ein Teil davon für immer in den Gräbern verschwand. Wissenschaftler haben anhand der Spuren von Aerosolen aus Kupferdämpfen, die sie in Eisbohrkernen aus Grönland und Sedimenten schwedischer Binnenseen fanden, den Output der Bergwerke und Schmelzhütten ermittelt: In der gesamten Bronzezeit wurde rund eine halbe Million Tonnen Bronze produziert.

Das im Tagebau gewonnene Kupfer reichte schon bald nicht mehr. Nun suchte man unter Tage nach dem kostbaren Stoff. Eine gewaltige Bergbau- und Verhüttungsindustrie entstand mit Zentren in

JAHRHUNDERTFUND
Regine Maraszek vom Museum für Vorgeschichte in Halle präsentiert die Himmelsscheibe von Nebra. Die Freude über das Prachtstück ist nicht ungeteilt, denn das zusammen mit zwei Beilen, zwei Schwertern und einem Meißel entdeckte Artefakt wurde von Raubgräbern aus dem Erdreich geholt. Die für Archäologen wichtige Fundgeschichte ist somit unklar.

den Ostalpen und Mitteldeutschland. Die Bergmänner hatten einen Hundsjob: In über 100 Meter tiefen Stollen lockerten sie das Metallerz durch abwechselndes Erhitzen und Abschrecken mit kaltem Wasser, um dann die Brocken einzeln nach oben zu schleppen. Im Revier von Mitterberg in den Salzburger Alpen beförderten sie etwa zehn Tonnen Kupfer pro Jahr ans Tageslicht – genug für 15 000 Bronzeschwerter.

Schwerter, die um etwa 1600 v. Chr. auftauchen, sind die Prestigeobjekte der Bronzezeit – je prächtiger die Waffe, umso höher die soziale Stellung des Trägers. Aber es ist auch das erste Gerät in der Geschichte der Menschheit, das vor allem zur Tötung von Artgenossen hergestellt wird. Dass es zu der Zeit „auf den Markt" kommt, als die Spanne zwischen Arm und Reich größer wird, ist kein Zufall. Fast zeitgleich entstehen immer mehr Siedlungen auf Hügeln und an Berghängen, kleine Dörfer, die sich durch Zäune und bis zu sechs Meter hohe Palisaden schützen müssen.

In einer zunehmend wehrhaften Gesellschaft steigt die Bedeutung der Waffenproduzenten. Handwerker und Bergleute haben vor 3500 Jahren Vollbeschäftigung, sie können sich nicht mehr darum kümmern, Hirse und Erbsen anzubauen, um satt zu werden. Die Landwirtschaft produzierte seit der Jungsteinzeit Überschuss, und zum ersten Mal kann sich nun eine Gesellschaft Esser leisten, die nicht selbst für ihre Nahrung sorgen. Die Facharbeiter verdienen ihr Brot, indem sie ihre Produkte gegen Nahrung tauschen – sie sind quasi die ersten Unternehmer: die Profiteure des ersten Metallzeitalters.

Die meisten Menschen leben dagegen immer noch in bäuerlichen Siedlungen, in denen bis zu acht Familien, etwa 80 Personen, wohnen. Die Häuser sind gebaut aus Lehmgeflecht mit Dächern aus Stroh oder Schilf. Das neue Wundermetall ist für viele unerschwinglich – ein Bronzebeil entspricht in etwa dem Wert einer Kuh. Wer es sich leisten kann, hat ein Pferd im Stall, das sich in der Landwirtschaft einspannen lässt.

Eine kleine Siedlung an der Unstrut, 1600 Jahre vor Christus. Der Winter dauert schon zu lange, der Frost hat alles im Griff. Die Vorräte an Linsen, Erbsen und Saubohnen und auch das Getreide gehen zur Neige. Die Ernte war nicht gut, und jetzt herrscht ein Frost, der kein Ende nehmen will. Die Kinder sind fast alle krank, die Alten sterben, weil sie keine Kraft mehr haben. Die meisten Rinder sind geschlach-

RÄTSELHAFTER ZAUBER
Aus 490 Gramm Gold wurde in einem Stück der „Berliner Goldhut“ getrieben. Wissenschaftler gehen davon aus, dass er bei kultischen Zeremonien eine wichtige Rolle gespielt hat. Ob ein Priester ihn auf dem Kopf trug, wird wohl nie geklärt werden. Vier dieser Hüte sind in Europa gefunden worden, einer in Frankreich, drei in Deutschland.

tet, es gibt kein Futter mehr für sie. In den Häusern wird es unerträglich kalt, weil die Wärme der Tierleiber fehlt. Wann ist die dunkle Zeit endlich vorbei? Wurden vielleicht nicht genug Opfer gebracht? Der Dorfälteste und Priester hat alle, die noch auf den Beinen sind, versammelt. Er will ihnen mitteilen, wie lang es noch dauert, bis die Tage endlich länger werden und alle die Saat ausbringen können. Langsam hebt er das heilige Gerät, eine flache Scheibe, in die Höhe, sie funkelt in der Sonne, die sich ganz kurz zeigt. Dann dreht er sich um und spricht. Erleichterung macht sich breit.

So ähnlich kann es gewesen sein, als vor 3600 Jahren in einem kleinen Dorf an der Unstrut die Himmelsscheibe von Nebra zum Einsatz kam. Das zwei Kilo schwere Gerät aus Bronze mit goldenen Einlegearbeiten, die Sonne, Mond und Sterne zeigen, wurde von Raubgräbern auf dem Mittelberg bei Nebra im südlichen Sachsen-Anhalt gefunden. Auf Umwegen über Hehler und finstere Mittelsmänner gelangte sie 2002 in die Sammlung des Museums für Vorgeschichte in Halle und war eine ähnliche Sensation wie der Ötzi. Sie zeigt die weltweit erste konkrete Darstellung des Himmels und soll sich zur Bestimmung von Sommer- und Wintersonnenwende eignen. Die Scheibe belegt, dass unsere Vorfahren sensible Naturbeobachter mit der Fähigkeit zur Abstraktion waren. Nach anfänglichen Zweifeln an der Echtheit des Prachtstücks gibt es heute kaum noch Archäologen, die bestreiten würden, dass die grüngoldene Scheibe aus der Bronzezeit stammt.

Auch wenn wir die religiösen Vorstellungen der Bronzezeit-Menschen nicht genau kennen, ist eines klar: Im Mittelpunkt der Verehrung nahezu aller Kulte, aller Gebete und aller Opferungen stand die Sonne. Auch auf der Himmelsscheibe ist sie prominent eingearbeitet. Wenn sie im Frühjahr nicht wiederkehrte und der Natur die Kraft zurückgab, die das Schwinden ihrer Strahlkraft im Winter genommen hatte, wuchs kein Getreide. Dann starb erst das Vieh und dann der Mensch. Ob unsere Vorfahren eine konkrete Gottheit mit einem Namen hatten oder nur einen Kult um die Sonne – niemand hat es aufschreiben können.

In Ägypten genoss der Sonnengott Re höchste Verehrung, die Griechen beteten Helios an, die Römer Sol. Das großartigste mit dem Sonnenkult verbundene Bauwerk Europas in der Bronzezeit ist die Steinkreisanlage von Stonehenge, der Schauplatz für groß angelegte religiöse Veranstaltungen zu Ehren des Zentralgestirns und zugleich ein riesiger Sonnenkalender.

Geheimnisvolle Zeugen der Anbetung in Europa sind die so genannten Goldhüte, die prachtvollsten Produkte der Bronzezeit-Handwerker. Sichtlich bewegt war Winfried Menghin, Direktor des Berliner Museums für Vor- und Frühgeschichte, als er der Presse im März 1997 den „Berliner Goldhut" vorstellte. Für 1,5 Millionen Mark hatte er einem Kunsthändler den 75 Zentimeter hohen Kegel aus 490 Gramm dünn geschlagenem Goldblech abgekauft. Da das 3000 Jahre alte Artefakt aus dunklen Kanälen stammt und keine Fundgeschichte hat, ist unbekannt, wo es gefunden wurde.

BRONZE-POMP
Dieser prachtvolle Zierbeschlag für einen Wagen stammt aus dem 11. bis 10. Jhdt. v. Chr. Er wurde bei Heegermühle in Brandenburg gefunden.

Wie das Vorbild aller Zaubererhüte sieht der glänzende Kegel aus, geschmückt mit fein ziselierten Ornamenten. Menghin will in der Verzierung einen Code entdeckt haben, den „Metonischen Zyklus", mit dem sich Sonnen- und Mondzyklus berechnen lassen. Einigen Fachkollegen geht das zu weit, sie meinen, dass sich der Kegel während kultischer Handlungen auf einem Holzpfahl hoch über die Veranstaltung erhob und die üppige Verzierung nur auf seine religiöse Bedeutung zurückzuführen ist. Vielleicht war er auch die Kopfbedeckung von Zeremonienmeistern. Drei ähnliche Goldhüte, gefunden in Frankreich, bei Schifferstadt und im bayerischen Ezelsdorf, zeugen davon, dass es über weite Entfernungen ähnliche Arten des Kultes, der „Religion", gegeben haben muss.

Geld, Lohnarbeit, Religion, Handwerk, Handel, Kunst, Mode, Astronomie, Bergbau, Multikulti – mit heutigem Vokabular würde man die Bronzezeit als innovativ bezeichnen. Und als relativ friedlich: Mit den Waffen aus Bronze ließen sich höchstens lokale Scharmützel ausfechten. Die Zeit des großen Kettenrasselns begann, als das Eisen in die Welt kam – und Stämme sich zu Völkern zusammenschlossen, die verbissen um ihre Interessen fochten.

Die Germanen

Sie selbst sahen sich nicht als Angehörige eines großen Volks, sondern als Mitglieder ihrer kleinen Stämme, als Langobarden oder Cherusker, als Friesen, Sueben oder Angeln. Die Römer fürchteten die brutalen Barbaren, die Beute und Gegner zu zerstückeln pflegten, um dem Kriegsgott zu gefallen. Aber trotz der rohen Sitten – in den Dörfern der Grütze-Esser wurde weitaus mehr gemolken als gemordet.

Der Mann von Osterby:
Der Schädel der Moorleiche aus Schleswig-Holstein
trägt den stammestypischen „Suebenknoten“.

Im Zwischenreich

Moore und Sümpfe galten bei germanischen Völkern als Zone, wo sich das Reich der Götter von der Welt der Irdischen schied. Hier opferten unsere Vorfahren Boote, Schmuck, Tiere – und auch Menschen, um bei „denen da oben“ gute Stimmung zu machen. Hölzerne Götzen markieren die heiligen Plätze.

Die Winter schienen kein Ende mehr zu finden, und man konnte die Tage zählen, an denen der Wind nicht wehte. Die meisten Kinder starben, kaum dass sie zwei Sommer erlebt hatten, die Alten siechten dahin. Hunger war ein ständiger Begleiter, der Boden ausgelaugt. Die Ernte reichte nie, um Vorräte anzulegen, manchmal waren die Ochsen zu schwach, um den Pflug zu ziehen. Und jedes Jahr holte die grausame Flut sich mehr wertvolles Ackerland.

Umso begieriger hörten die Menschen im europäischen Norden, was die Händler erzählten, die von weit her kamen, um Waren wie Kupfer und Zinn gegen Bernstein und Felle einzutauschen. Von saftigen Weiden schwärmten sie, von fruchtbaren Äckern, süßen Früchten, von fetten Kühen und Schafen. Da, wo sie herkämen, sei das Meer voll Fisch, und manche Berge bestünden aus reinem Silber. Und die Sonne, die man hier so vermisste, schien dort das ganze Jahr.

WILDER REITER
Auf seinem achtfüßigen Pferd Sleipnir stürmte Odin durch den germanischen Götterhimmel.

Die Berichte zeigten gewaltige Wirkung. Getrieben von der Sehnsucht nach einem Leben ohne Hunger und Angst, machte sich um das Jahr 120 v. Chr. in Jütland ein gewaltiger Bauerntreck auf den Marsch gen Süden: Die Häuptlinge der Kimbern und Teutonen hatten beschlossen, die Heimat aufzugeben. Nur wenige widerstanden den Träumen vom besseren Leben und blieben zurück. Planwagen mit großen hölzernen Scheibenrädern transportierten den Hausrat, und wenn die Tiere stark genug waren, auch die Männer, Frauen und Kinder. Die Anführer begleiteten den Zug auf Pferden. Den Hunderttausenden gingen Seherinnen voran, alte Frauen, die aus dem Blut unterwegs geopferter Gefangener den richtigen Weg weissagten.

GANZE KERLE
Die Lithographie von 1880 zeigt – neben einer „Schmuckgermanin" – drei Vertreter nordischer Stämme: einen Sueben, einen Friesen, einen Cherusker.

Im heutigen Schleswig-Holstein schloss sich dem Zug das Volk der Ambronen an. Sie hatten auch die Insel aufgegeben, die später Ambrum und noch später Amrum heißen sollte. Der Weg führte südwärts durch das Land der Angeln und der Sachsen. Bis nach Böhmen gab die Elbe die Richtung vor.

Wie ein riesiger Organismus wälzte sich dieser Treck von Wirtschaftsflüchtlingen durch Europa: Wer des Herumziehens müde war, blieb zurück, wer Hoffnung auf ein besseres Leben an anderer Stelle schöpfte, schloss sich an. Manchmal waren es ganze Stämme. Es wurde geplündert, um die Mäuler zu stopfen, und gemordet, um Widerstand zu brechen. Eine Schneise der Verwüstung zog sich durch Europa.

Gefährliche Spitze

Das eiserne Pilum – es steckte in einem langen hölzernen Schaft – war neben dem Kurzschwert die Hauptwaffe eines römischen Legionärs. Trotz solch modernen Kriegsgerätes hatten die Soldaten des Varus keine Chance gegen die germanischen Stämme.

POLTERGEIST
Donar sorgte für Blitz und Donner (Holzschnitt, 19. Jh.).

Etwa 300 000 Menschen mögen es gewesen sein – eine „Wanderlawine vom Ende der Welt“, wie Arnulf Krause, Germanist und Experte für germanische Heldensagen, schreibt. Und Theodor Mommsen, der bedeutendste deutsche Altertumswissenschaftler des 19. Jahrhunderts, zog Parallelen, die angesichts der Flüchtlingstragödien in Nordafrika sehr aktuell erscheinen: „Es war ein Zug ... nicht unvergleichbar den Emigrantenmassen, die in unseren Zeiten ... ins Blaue hinein übers Meer fahren.“

Bei Noreia im heutigen Kärnten trafen sie auf einen Vorposten des römischen Reiches. Den Konsul Papirius Carbo baten die Anführer, ihren Völkern Land zum Siedeln zuzuweisen. Aber der Würdenträger hatte einen klaren Auftrag – er sollte den Flüchtlingstreck aufhalten. Er überfiel die Menschen aus dem Hinterhalt. Diese schlugen mit ihren Speeren und Eisenschwertern gnadenlos zurück. Die schwer gepanzerten Römer entgingen der völligen Vernichtung ihrer Truppen nur durch ein plötzlich einsetzendes Gewitter, das ihre Gegner als ein warnendes Omen des Wettergottes Donar nahmen. Es hielt sie davon ab, den üblichen Kriegssitten nachzugehen: alle Gegner und die gesamte Beute zu zerstückeln. Waffen, Pferde, Rüstungen und die Gefangenen gehörten einzig und allein dem Kriegsgott, und niemand wagte es, etwas für sich selbst zu beanspruchen.

In drei weiteren Schlachten wurden die stramm organisierten Heere der Römer abermals von den wild metzelnden und ohne Strategie und Taktik kämpfenden Haudraufs geschlagen. Am 6. Oktober des Jahres 105 v. Chr. verloren sie an der Rhône bei Arausio (Orange) an einem Tag 100 000 Legionäre. Erst als sich die Stämme trennten, gelang es den Römern 102 v. Chr., die Teutonen und Ambronen bei Aquae Sextiae (Aix-en-Provence) und ein Jahr später die Kimbern in Vercellae (Vercelli) zu schlagen.

Nach dem Kampf bot sich ein grausiges Bild, wie der römische Historiker Florus berichtet: „Die Frauen hatten ihre Männer in der Schlacht mit nackten Brüsten angefeuert. Als sie verloren war, erdrosselten sie erst all ihre Kinder – dann stießen sie sich verzweifelt ein Messer ins Herz. Oder sie erhängten sich an den Karren mit Gürteln, Stricken und an ihren langen Zöpfen.“

Geschichten wie diese erzählte man sich in Rom mit einer Mischung aus Horror und Faszination. Der martialische Auftritt der Terrorbrigaden aus dem Norden ließ die Fantasie in der Metropole ins Kraut schießen, „an Stärke unübertrefflich und an Aussehen den Giganten gleich" seien die Gegner. Und nur zum Spaß ließen sie sich nackt einschneien oder rasten auf ihren Schilden die verschneiten Berge hinunter. Die wild gewordenen Bauern vom Rand der Welt haben die Großmacht Rom nicht besiegt, aber nachhaltig erschüttert. 600 Jahre lang geriet man immer wieder aneinander und blieb sich fremd. Nur stellenweise, etwa im Weserbergland, wollen Forscher Belege für ein friedliches Zusammenleben gefunden haben.

Die Römer hielten die Invasoren – dem von den Griechen übernommenen Weltbild entsprechend – entweder für Kelten, die den Westen Europas besiedelten, oder für Skythen, deren Reich im Osten lag. Auf jeden Fall handelte es sich um Barbaren – was der allgemeine Begriff für Nichtrömer war.

Erst Julius Cäsar erkannte 50 Jahre später im Krieg gegen Gallien, dass zwischen den im heutigen Frankreich lebenden Galliern und Germanen ein fundamentaler Unterschied bestand. Und er setzte einen neuen Namen auf die Landkarte: Die rechtsrheinischen Völker hießen von nun an Germanen.

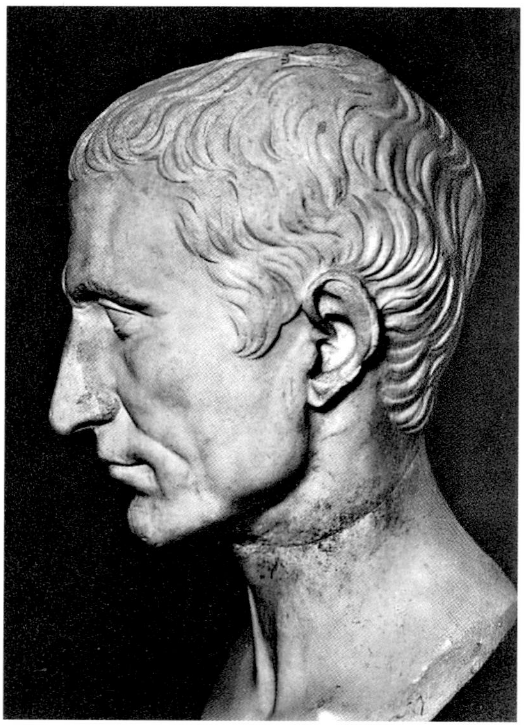

MYTHENMACHER
Der römische Feldherr Julius Cäsar (100 – 44 v. Chr.) war der „Erfinder" der Germanen.

Mit einem Federstrich hatte Cäsar da zusammengefügt, was nie zusammengehörte: Ein einheitiches Volk der Germanen hat es nie gegeben. Mittel- und Nordeuropa wurden schon in der Bronzezeit von Hunderten von Stämmen bewohnt, die sich verbündeten und wieder trennten, die Krieg gegeneinander führten und Frieden schlossen. So berichtet der römische Chronist Tacitus von einem Kampf zwischen den Stämmen der Chatten und Hermunduren im Jahre 58 n. Chr., in dem es um wertvolle Salzquellen in Hessen und Thüringen ging. Und hinter dem späteren römischen Limes-Wall, der von der Moselmündung an Neckar und Donau entlanglief, lebten wiederum Kelten.

BOLLWERK GEGEN FEINDE

Auf dem Schauplatz der Varusschlacht in Kalkriese bei Osnabrück wird unter Leitung der Archäologin Susanne Wilbers-Rost das westliche Ende des Walls freigelegt, den die germanischen Stämme gegen die römischen Legionen errichteten (oben). Einige Meter des Schutzzaunes wurden im Park des Kalkrieser Museums rekonstruiert.

Im Kettenhemd zum Gefecht

Eine Kohorte von Legionären marschiert zum Kampf gegen die Germanen – auf den „Römertagen" im Museum Kalkriese werden jedes Jahr Kämpfe der Varusschlacht nachgespielt.

Auch die Bauern und Krieger im Norden fühlten sich nie als Germanen, und sie nannten sich auch nicht so – sie fühlten sich als Langobarden, Cherusker, Sueben, Friesen, Sugambrer oder Angeln. Erst durch das Zusammentreffen mit der römischen Zivilisation sind „die Germanen“ in das Licht der Geschichte getreten.

Seit dem Marsch der Kimbern und Teutonen hatten die Völker aus dem Norden draußen in der Welt einen Ruf wie Donnerhall – aber bei ihnen zu Hause roch es nach Armut und Kuhmist, es wurde mehr gemolken als gemeuchelt. Auf ihren Äckern plagten sie sich mit kümmerlichen Hakenpflügen, die den Grund nur anritzten. Morgens aß man Grütze aus Gerste oder Hirse und abends noch einmal das Gleiche, und wenn es Suppe gab, wurde die gemeinsam aus einem großen Kessel gelöffelt. Fleisch kam selbst bei den Reichen selten auf den Tisch.

Die Stämme verteilten sich auf Dörfer mit maximal 300 Menschen. Sie kannten keine Städte und kein Geld, sie hatten keine Schrift, und der größte Luxus waren Gelage mit Bier oder Met. Saufen war Männersache – Trinkgefäße wurden ausschließlich in Männergräbern gefunden.

Die Frauen schulterten den gesamten Haushalt, sie kochten, töpferten, webten, machten Quark und Butter und kümmerten sich um die Kinder. Mit etwa 20 Jahren wurden die Mädchen von ihren Eltern verheiratet. Ehebruch war für sie verboten und konnte, wenn der Mann es wollte, mit dem Tode bestraft werden. Für ihn dagegen war es gute Sitte, sich eine Geliebte zu halten.

Die Männer trugen schulterlanges Haar, das als Zeichen von Freiheit und Virilität galt. Es wurde mit Butter pomadisiert, was den Germanen ein sehr spezielles Aroma verlieh. Männer beherrschten das öffentliche Leben, sie waren die Chefs, die Richter und Krieger. Malcolm Todd, ein renommierter Archäologe auf dem Gebiet der Geschichte der germanischen Stämme: „Die germanische Gesellschaft war eine Kriegergesellschaft, die über die notwendige Ausrüstung verfügte, um innerhalb der Stämme, zwischen verschiedenen Völkern und gegen auswärtige Feinde Krieg zu führen." Trotz dieser aggressiven Grundhaltung – zu Hause auf der eigenen Scholle liebte man bei aller Kraftmeierei den Frieden.

Nur wenn es um ihre Götter ging, wurden die groben Kerle kleinlaut und demütig. Jeder Stamm hatte seine Gottheiten. So verehrten die Angeln und Warnen die Erdmutter Nerthus, bei den Naharnavalen waren es die Alci, göttliche Zwillinge, die Tacitus mit Castor und Pollux verglich, und die Friesen huldigten der Kriegsgöttin Barduhenna.

Zwei große Familien bevölkerten den nordischen Götterhimmel: Die friedliebenden, Segen spendenden Wanen und die kriegerischen Asen. Der zornige Wotan (Odin), der oberste Göttervater, war bei den einfachen Leuten nicht beliebt, er verbreitete als Kriegsgott Furcht und Schrecken, wenn er auf seinem achtbeinigen Hengst Sleipnir und begleitet von Wölfen und Raben in stürmischen Nächten über den Himmel zog. Sein Sohn Donar (Thor), der sich im „Donnerstag" verewigt hat, ließ es mit seinem Hammer Mjöllnir blitzen und donnern. Er war schon eher gelitten, weil er mit dem Gerät auch die Äcker fruchtbar werden lassen konnte.

HIMMELSBOTEN
Waren die bronzenen Figuren für die Germanen Glücksbringer, Götzen für das Handgepäck oder Hausgötter? Der metallene Thor (links) wurde auf Island gefunden, den Odin gruben Archäologen in Südschweden aus.

Mobile Panzerung

Obwohl sie sich mit schweren Schilden aus Holz und Eisen schützten, verloren die Römer die Schlacht bei Kalkriese gegen die vereinigten germanischen Stämme unter dem Kommando des Arminius. Hier die metallenen Reste eines solchen Schutzes: Schildbuckel, Griff von der Rückseite und Teil einer Randeinfassung.

Den Göttern wurde unter freiem Himmel gehuldigt, auf Lichtungen, an Seen und Quellen. Besonders unheimlich waren die Moore, die als Grenzgebiet zwischen göttlicher und menschlicher Welt galten. Hölzerne Pfahlgötter markierten das Zwischenreich, in dem die Opfergaben versenkt wurden: Werkzeuge, Münzen, Schmuck, Waffen, ganze Boote – und Menschen. „Feiglinge und Kriegsscheue und Unzüchtige versenkt man in Sumpf und Morast", schreibt Tacitus, „wobei man noch Flechtwerk darüberwirft."

Über 700 dieser Unglücklichen sind als Moorleichen in Nordeuropa erhalten geblieben – vertrocknet, geschrumpft, braun, aber auch mit einem Lächeln im Gesicht, wie beim „Tollund-Mann" aus Jütland, der besser als der Ötzi erhalten ist. Er wurde im 1. Jahrhundert v. Chr. erdrosselt und trug eine Schlinge um den Hals – was, so

SIEGER UND BESIEGTE
Legionen von Historienmalern konnten sich gar nicht satt pinseln an den tapferen Taten des teutschen Recken Arminius. Das Gemälde „Hermannsschlacht" aus dem Jahre 1864 stammt von Friedrich Gunkel.

vermuten Wissenschaftler, darauf hindeutet, dass er den Göttern geopfert wurde. Nicht viel besser erging es dem nach seiner Haarfarbe benannten „Roten Franz", der im 3. oder 4. Jahrhundert mit einem Schnitt durch die Kehle getötet und im Bourtanger Moor bei Meppen unbekleidet versenkt wurde.

Bei Eckernförde fanden Torfarbeiter 1948 den Schädel eines Mannes mit „Suebenknoten" im Haar; offenbar gehörte er einem Gefangenen vom Volksstamm der Sueben, der hier geköpft worden war. Und in den 50er Jahren die Überreste eines etwa 14 Jahre alten Mädchens, das zwischen 41 und 118 n. Chr. lebte. Während die Haare der rechten Kopfhälfte etwa vier Zentimeter lang sind, ist die linke Seite teilweise geschoren. Folgt man den Aufzeichnungen von Tacitus, so hat man germanischen Ehebrecherinnen die Haare zum

Neben der Gesichtsmaske wurden auf dem Schlachtfeld bei Kalkriese die dazugehörigen Schädelknochen eines römischen Offiziers gefunden. Durch die Kombination dieser Puzzleteile konnte der Gerichtsmediziner Richard Helmer das wahrscheinliche Aussehen des Soldaten modellieren, der zusammen mit 10 000 bis 20 000 anderen Menschen in der Varusschlacht ums Leben kam. Das „Gesicht hinter der Maske" ist wie die Maske selbst im Museum Kalkriese zu sehen.

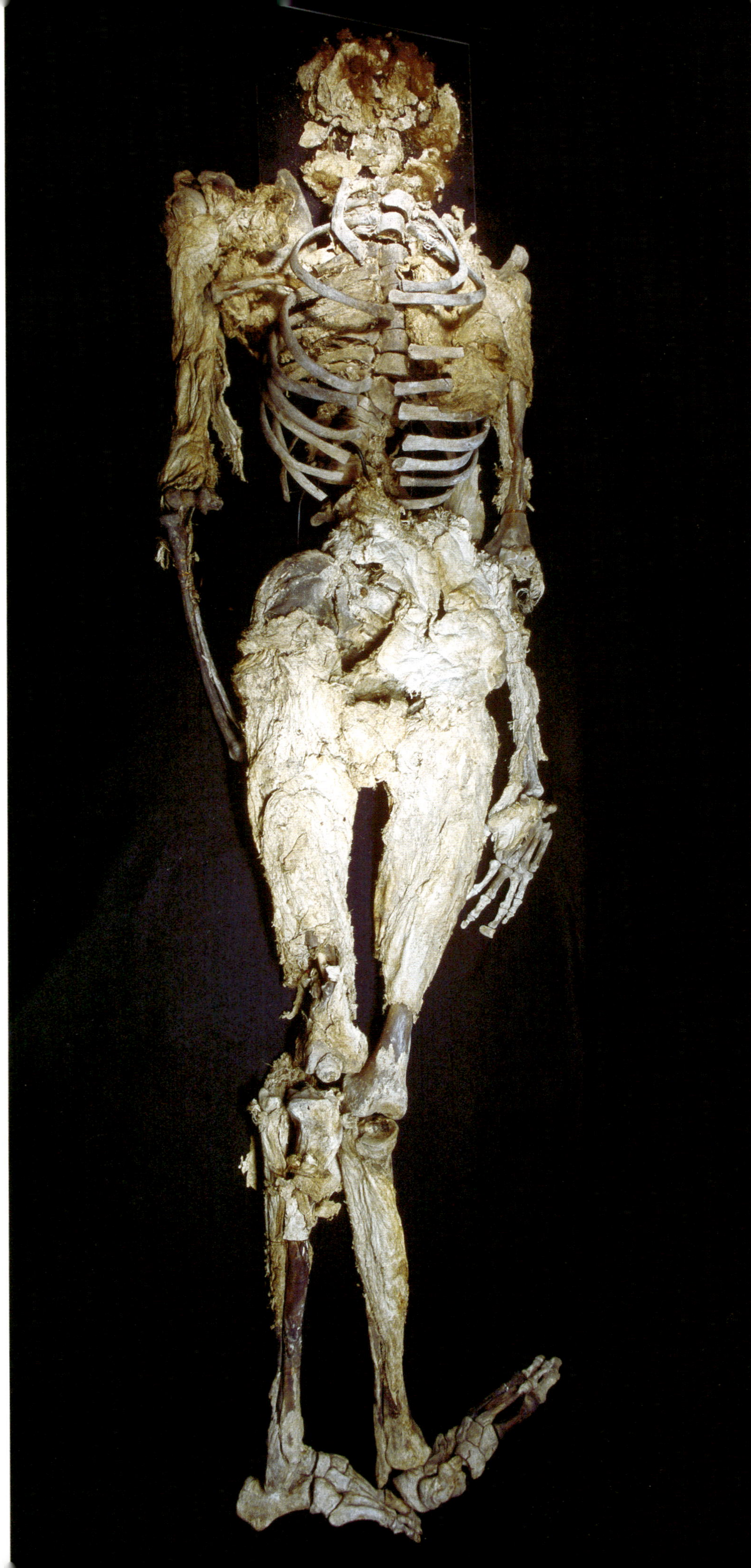

Zeichen der Schande abgeschnitten. Das Mädchen von Windeby muss in extrem ärmlichen Verhältnissen gelebt haben. Mit einem speziellen Röntgengerät untersuchte der Physiker Roland Aniol ein Schienbein und fand Zeichen für gestörtes Wachstum, Mangelernährung und Hunger. Sein Befund: Der prähistorische Teenager durchlitt zwölf Hungerwinter in nur 14 Lebensjahren.

Gegenwärtig versuchen Archäologen, Pathologen und Radiologen das Rätsel einer anderen Leiche zu lösen: des „Mädchens aus dem Uchter Moor". Im Jahre 2000 wurden in der Nähe von Uchte (Kreis Nienburg, Niedersachsen) bei Torfstecharbeiten die konservierten Leichenteile einer 16- bis 19-Jährigen entdeckt, die zunächst für ein Mordopfer gehalten wurde. Inzwischen ist „Moora" als älteste Moorleiche Niedersachsens identifiziert: Sie lebte 650 Jahre vor unserer Zeitrechnung.

MANN IM MOOR
Seine Zeitgenossen haben ihm den Kopf abgeschlagen, ihn entmannt und ins Herz gestochen. 1959 wurde der „Mann von Dätgen" (links) im Großen Moor unweit von Neumünster gefunden.

LETZTER GRUSS
Die abgerissene Hand des „Mädchens aus dem Uchter Moor".

Puzzle mit alten Knochen

Der fragmentierte Leichnam des „Mädchens aus dem Uchter Moor“ wurde von Rechtsmedizinern der Universität Hamburg untersucht. Ergebnis: Die 16 bis 20 Jahre alte Frau starb ohne Gewalteinwirkung.

Literaturhinweise

AUFFERMANN, BÄRBEL/ORSCHIEDT, JÖRG: Die Neandertaler. Stuttgart 2002

BARTHEL, K.WERNER: Fossilien aus Solnhofen. Bern 1978

BROSCHINSKI, ANNETTE: Dinosaurier. München 1997

BURENHULT, GÖRAN: Die Menschen der Steinzeit. München 2000

CONARD, NICHOLAS J. U.A. (HRSG.): Vom Neandertaler zum modernen Menschen. Ostfildern 2005

DÖBLER, HANSFERDINAND: Die Germanen. Gütersloh 1975

FIEDLER, LUTZ (HRSG.): Archäologie der ältesten Kultur in Deutschland. Wiesbaden 1997

FISCHER-FABIAN, SIEGFRIED: Die ersten Deutschen. München 1975

FLECKINGER, ANGELIKA (HRSG.): Die Gletschermumie aus der Kupferzeit. Neue Forschungsergebnisse zum Mann aus dem Eis. Bozen 1999

FREEDEN, UTA V./SCHNURBEIN, SIEGMAR V. (HRSG.): Spuren der Jahrtausende. Archäologie und Geschichte in Deutschland. Stuttgart 2002

HAUSCHKE, NORBERT/WILDE, VOLKER (HRSG.): Trias. Eine ganz andere Welt. München 1999

HENKE, WINFRIED/ROTHE, HARTMUT: Paläoanthropologie. Berlin 1994

HÖLDER, HELMUT: Kurze Geschichte der Geologie und Paläontologie. Berlin 1989

HORN-VAN NISPEN, MARIE-LOUISE TEN: 400 000 Jahre Technikgeschichte. Darmstadt 1999

JOCKENHÖVEL, ALBRECHT/KUBACH, WOLF: Bronzezeit in Deutschland. Stuttgart 1994

KOENIGSWALD, WIGHART V.: Lebendige Eiszeit. Klima und Tierwelt im Wandel. Stuttgart 2002

KOENIGSWALD, WIGHART V./STORCH, GERHARD (HRSG.): Messel. Ein Pompeji der Paläontologie. Sigmaringen 1998

KRAUSE, ARNULF: Die Geschichte der Germanen. Frankfurt 2005

KUCKENBERG, MARTIN: Vom Steinzeitlager zur Keltenstadt. Darmstadt 2000

KUCKENBERG, MARTIN: Als der Mensch zum Schöpfer wurde. Stuttgart 2001

KUCKENBERG, MARTIN: Wer sprach das erste Wort? Stuttgart 2004

KUCKENBERG, MARTIN: Der Neandertaler. Stuttgart 2005

MENGHIN, WILFRIED/PLANCK, DIETER (HRSG.): Menschen, Zeiten, Räume. Archäologie in Deutschland. Stuttgart 2002

MÜLLER-BECK, HANSJÜRGEN: Die Steinzeit. München 2001

PROBST, ERNST: Deutschland in der Urzeit. München 1986

PROBST, ERNST: Deutschland in der Steinzeit. München 1991

PROBST, ERNST: Deutschland in der Bronzezeit. München 1996

PROBST, ERNST/WINDOLF, RAYMUND: Dinosaurier in Deutschland. München 1993

ROTHE, PETER: Die Geologie Deutschlands. Darmstadt 2005

RUDGLEY, RICHARD: Abenteuer Steinzeit. Wien 2001

SCHRENK, FRIEDEMANN/MÜLLER, STEPHANIE: Die Neandertaler. München 2005

STANLEY, STEVEN M.: Historische Geologie. Heidelberg 2001

STATHER, HANS: Führer zu den Stätten der Ur- und Frühgeschichte am Bodensee und Hochrhein. Konstanz 1982

TACITUS: Germania. Stuttgart 2005

TATTERSALL, IAN: Die Neandertaler. Basel 1999

THENIUS, ERICH/VAVRA, NORBERT: Fossilien im Volksglauben und Alltag. Frankfurt 1996

THIEME, HARTMUT/MAIER, REINHARD: Archäologische Ausgrabungen im Braunkohletagebau Schöningen, Landkreis Helmstedt. Hannover 1995

TODD, MALCOLM: Die Germanen. Stuttgart 2003

WEGNER, GÜNTER (HRSG.): Leben – Glauben – Sterben. Bronzezeit in Niedersachsen. Oldenburg 1996

WOLFRAM, HERWIG: Die Germanen. München 2002

WOLTERS, REINHARD: Die Römer in Germanien. München 2004

Register

Bildnachweis

Heiner Müller-Elsner: Fotos

Tom Ungemach/Knut Maibaum: Illustrationen

Weitere Bildquellen:

akg-images: 8 (Asselfingen, Kalkriese, Mauer), 140, 141, 142/143, 148/149, 150, 151, 152/153, 154/155, 161

AP: 71 (Roland Weihrauch), 159 (HO Niedersächsisches Landesamt für Denkmalpflege)

Atelier Wildlife Art: 47 (Schnaubelt)

dpa: 8 (Meppen), 9 (Goseck, Gröbern, Nebra, Solnhofen), 64, 67, 68, 78/79, 86/87, 93, 94/95, 101, 107, 111, 116, 117, 119, 126, 129 unten rechts, 131, 146, 157 unten rechts, 160

Rudolf Dröschel: 26/27

Thomas Ernsting/Bilderberg: 8 (Messel, Mettmann), 52, 62/63

Forschungsinstitut Senckenberg: 14, 15

Gamma/Paul Hanny/Liaison: 114/115

Hilde Jensen, Institut für Ur- und Frühgeschichte und Archäologie des Mittelalters, Eberhard-Karls-Universität Tübingen: 97

© Landesamt für Denkmalpflege und Archäologie (LDA) Sachsen-Anhalt: 9 (Leubingen; Hörentrup), 59 (Juraj Lipták), 84, (Juraj Lipták), 129 oben rechts

Neanderthal Museum: 90 (J.H. Bongard), 91 (J.H. Bongard)

Wolfgang Neeb: 105

Okapia: 17 (François Gohier), 23, 29 (Sinclair Stammers/OSF)

picture-alliance: 144 (KDA), 147 unten (HB-Verlag), 162 (Peter Arens/Phoenix)

Eberhard Reimann: 98/99

Karol Schauer: 56, 57

Science Photo Library/Agentur Focus: 38, 61

Staatliches Museum Stuttgart: 8 (Trossingen)

Uwe Steffens: 22

Marc Steinmetz für GEO: 54/55

Thomas Stephan, ©Ulmer Museum: 103

stern-Infografik: 8/9, 44/45 (Christian Eisenberg), 80

Superbild: 28 (H. Schmidbauer)

Der Verlag hat sich nach Kräften bemüht, alle Inhaber von Bildrechten ausfindig zu machen. Für versehentlich nicht oder falsch angegebene Quellen bitten wir bereits im Voraus um Entschuldigung. Die Rechtehalter werden gebeten, mit dem Verlag Kontakt aufzunehmen (Adresse siehe Impressum auf Seite 4). Selbstverständlich sind wir gerne zu einer Nachhonorierung bereit.
Den Bildnachweis werden wir in späteren Auflagen des Buches entsprechend korrigieren.

Über die Autoren

Horst Güntheroth (rechts) studierte Mathematik, Physik und Philosophie und promovierte in theoretischer Physik. Als freier journalistischer Mitarbeiter schrieb er u.a. für „Die Zeit", „Frankfurter Rundschau" und „Bild der Wissenschaft". Seit 1981 ist er Redakteur beim Hamburger Magazin „Stern" im Ressort „Wissenschaft und Medizin". Er war dort Ressortleiter und arbeitet jetzt als Reporter für das Blatt. Güntheroth wurde mit mehreren Preisen ausgezeichnet. Er ist Autor der Bücher „Die Nordsee – Portrait eines bedrohten Meeres" und „Deutschland, deine Forscher". Im Weltbild Buchverlag erschien der Band „Abenteuer Weltall" (zusammen mit Peter Pursche).

Peter Pursche (links) arbeitete nach seinem Studium für das Lehramt als Redakteur, Textchef und Autor für „Brigitte". Als freier journalistischer Mitarbeiter schrieb er u.a. für „GEO", „Stern" und „Frankfurter Rundschau". 1990 entwickelte er mit Kollegen das „Magazin der Süddeutschen Zeitung" und war drei Jahre lange dessen stellvertretender Chefredakteur. Als Drehbuchautor schrieb er Krimis, Serien und Fernsehspiele. Seit 1999 ist er beim Hamburger Magazin „Stern" und war dort u.a. Textchef und Ressortleiter Kultur. Als Autor des Blattes schreibt er heute Reportagen und Serien. Zusammen mit Horst Güntheroth veröffentlichte er im Weltbild Buchverlag den Band „Abenteuer Weltall".